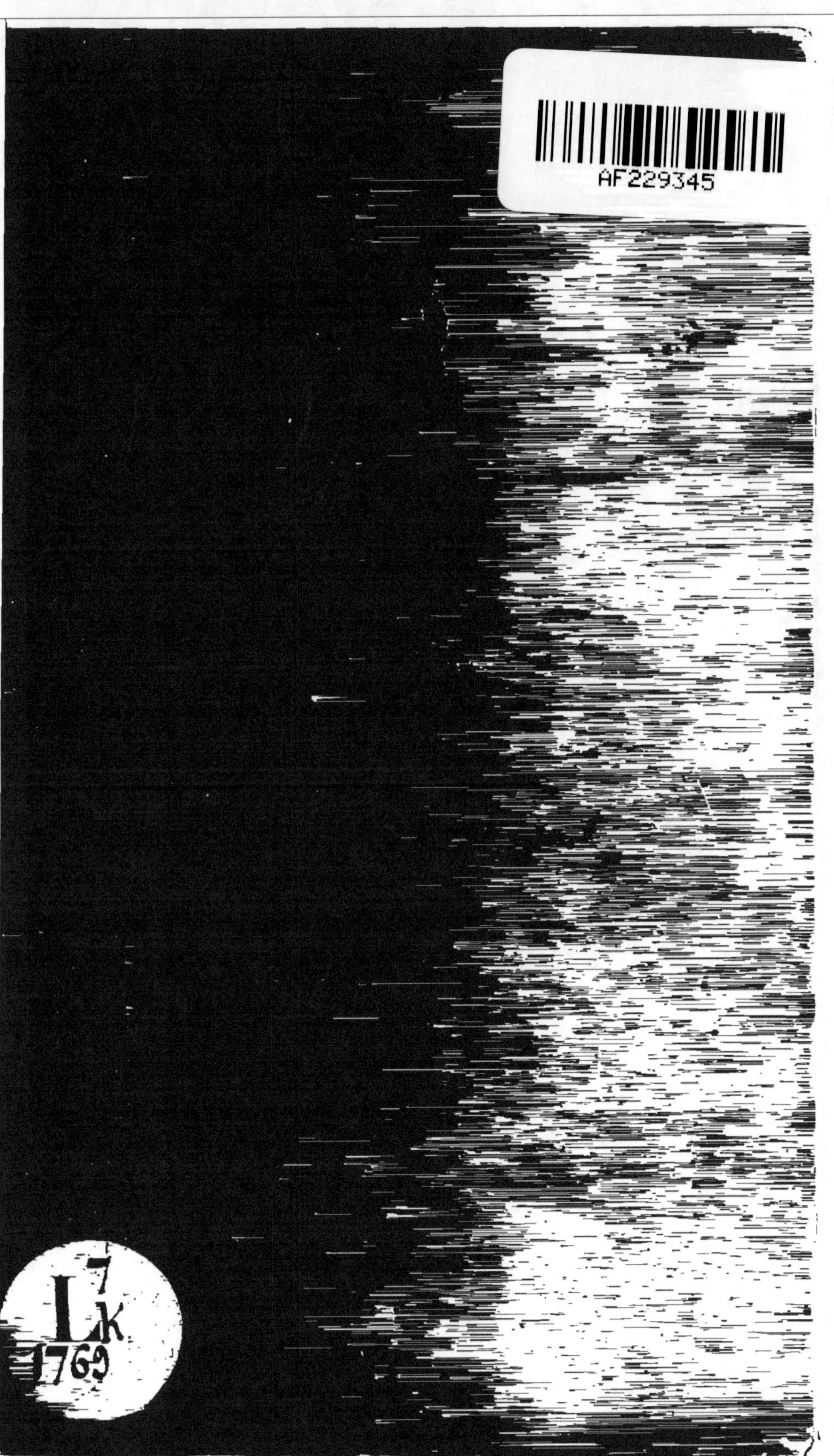

LK 1769

CHALONS-SUR-MARNE.

COUP D'OEIL

SUR SON HISTOIRE ANCIENNE,

SUR SES ÉGLISES

ET SUR CELLES DES ALENTOURS.

CHALONS,

IMPRIMERIE DE BONIEZ-LAMBERT.

1850.

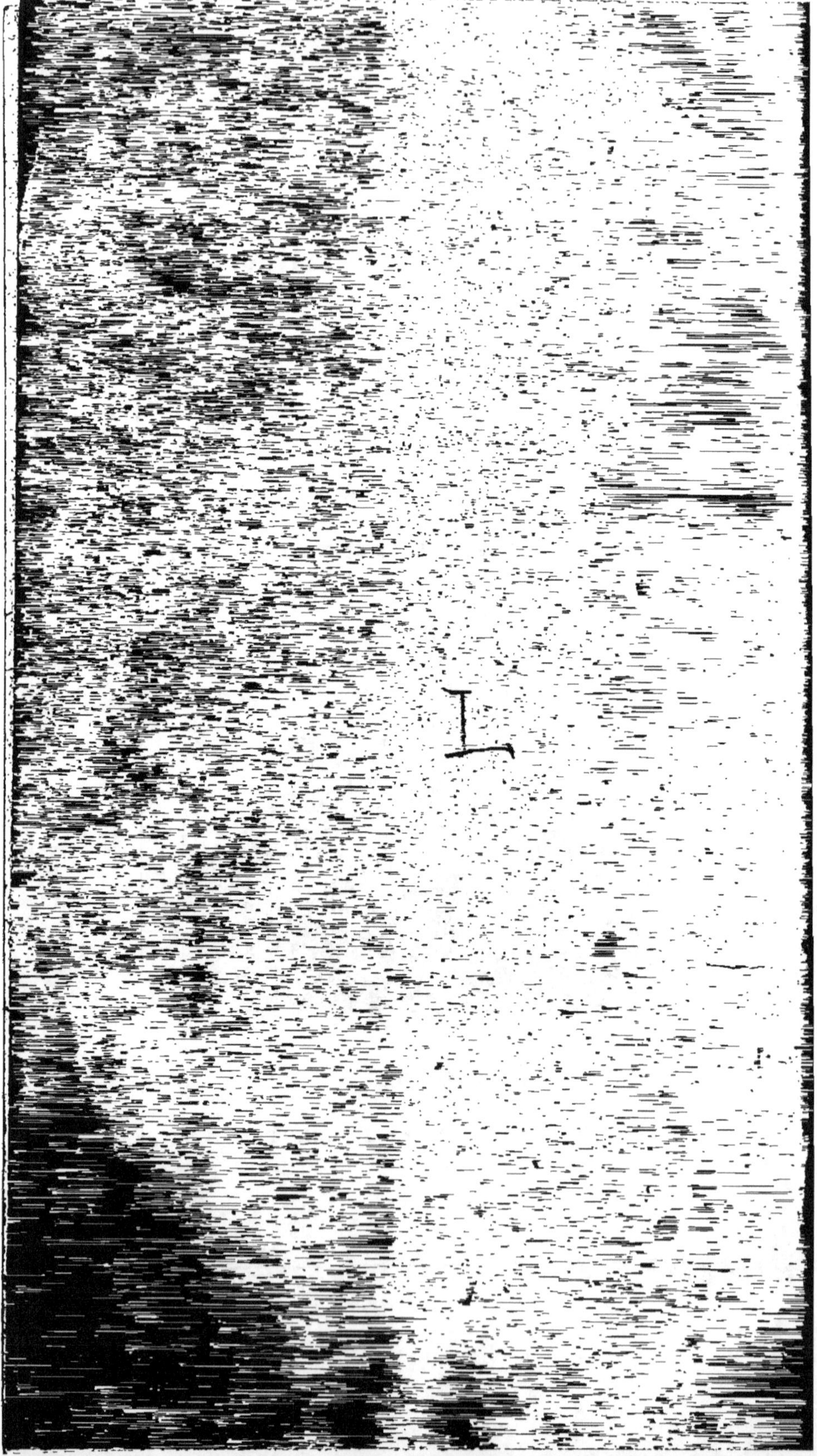

CHALONS-SUR-MARNE.

COUP D'ŒIL SUR SON HISTOIRE ANCIENNE, SUR SES ÉGLISES, ET SUR CELLES DES ALENTOURS (1).

PREMIÈRE PARTIE.

Statistique archéologique de Châlons et des environs.

Le mémoire que nous offrons aujourd'hui au public n'avait d'abord été fait que pour être présenté à l'Académie de Châlons. Depuis, quelques personnes nous ayant engagé à le publier dans l'Annuaire du département de la Marne, et l'autorisation nous en ayant été gracieusement donnée par le président de l'Académie, nous avons cru devoir nous rendre aux sollicitations de nos amis. Une visite archéologique faite aux églises des communes autour de Châlons, à trois et quatre lieues à la ronde, un coup d'œil rapide jeté sur celles de cette ville et sur son histoire ancienne, tel est le sujet du présent mémoire. Puisse ce travail être accueilli favorablement par la partie la plus éclairée des habitants, et surtout puisse-t-il sourire au patriotisme de tous!

Cependant, comme ces sortes d'ouvrages sont naturellement sérieux ou abstraits, et qu'ils entraînent né-

---

(1) Ce Mémoire a été adressé à la Société d'agriculture, commerce, sciences et arts de Châlons, par M. Moët de La Forte-Maison, membre de plusieurs Sociétés savantes.

1850

cessairement des redites en passant d'une église à une autre, nous avons cru devoir diviser la première partie en autant d'articles séparés. De cette manière, les habitants de tel ou tel pays ne seront pas privés de renseignements qui pourront leur faire plaisir ; le lecteur choisira l'article qui lui conviendra le mieux ; il rejettera ceux qui n'auront que peu ou point d'attrait pour lui, ou, comme l'abeille, il butinera çà et là à son gré.

Sarry.

L'église de Sarry est un monument assez curieux du commencement du xiiie siècle, mais qui a subi des réparations considérables, car la première travée de la nef a été refaite en partie au xve, et les transepts ont été rebâtis au xviiie. Le chœur lui-même, quoiqu'en apparence de la première époque, et percé à l'orient de trois ouvertures triolées à plein-cintre, surmontées d'une rose à six lobes, accompagnée d'un cœur à jour dans les interstices de ces lobes, et de deux ouvertures semblables au nord et au sud, a été presque entièrement reconstruit ou restauré aussi au xviiie siècle, en 1773.

La nef est à arcades ogivales, en retraite, soutenues par des colonnes engagées, et surmontées d'une petite porte pour aller sur la voûte des collatéraux, et plus haut encore, d'une rose à six lobes.

Cette église est précédée d'un porche qui a beaucoup de similitude avec un cloître, c'est-à-dire, éclairé par une suite d'ogives qui en contiennent deux autres jumelles, soutenues comme celle-ci par de petites colonnettes dont deux d'entre elles sont ornées sur la face principale d'une statue de saint d'un mètre de hauteur. C'est assurément le porche le plus remarquable des environs de la ville, à quatre lieues à la ronde.

On voit aussi dans cette église une chaire assez belle, qui provient de l'abbaye de Saint-Pierre de Châlons, et, au bas de la nef, au-dessus de la porte principale, une petite statue équestre de saint Julien qui tient un oiseau de proie sur le poing, par anachronisme, sans doute, pour indiquer que c'était ce qu'on appelait un homme de qualité.

A la vue de cet oiseau, nous nous sommes rappelé aussitôt la pierre tumulaire de l'église de Saint-Memmie sur laquelle est également représenté un homme à cheval, avec un faucon sur le poing, suivi de deux chiens, et tenant de l'autre main un bâton de chasse. Le *Journal de la Marne* s'est entretenu assez récemment de cette pierre tombale ; mais c'est à tort qu'il l'a donnée pour la pierre sépulcrale d'un officier de la fauconnerie et même d'un grand fauconnier de France : c'est une erreur. Cette figure représente tout simplement un homme de condition ; elle est assez fréquente sur les sceaux, et même il n'est pas rare d'y voir des femmes également à cheval avec le même oiseau de leurre sur le poing (1). Au reste, cette pierre est postérieure à l'histoire connue aujourd'hui des grands fauconniers de France ; elle est de la seconde moitié du XIII⁰ siècle ; et on sait que Jean de Beaune exerça le premier la charge de fauconnier du roi en 1250, et non en 1274, comme le dit le même journal (2). Voici l'inscription qui est autour ; elle est en vers ; nous mettons en caractères italiques les lettres qui sont tout à fait effacées, et nous y joignons la traduction pour plus d'éclaircissement :

† ICI : GIST : DESOZ : CESTE : LAME : THIEBAUZ : RUPEZ : DONT : DEX : AIT : LAME : SI TESMOIGNE : ON : VERAIEMENT : QIL : SOT : BIEN : SON : DEFINEMENT : QART : IO*ur* : D*e* : *Iuin* G : CEST : VERITEZ : PRIONS : POUR LI : SIERT : (*si erit*) CHARITEZ.

---

(1) Voyez le P. Ménestrier, *Orig. des ornem. des arm.*, p. 429 et 430 ; et *le Vérit. Art du blas.*, ou *la pratiq. des armoir.*, p. 395.

(2) Viton de Saint-Allais, *Dict. encyclop. de la nobl. de Fr.*, t. i, p. 484.

C'est-à-dire :

Ici repose dessous cette dalle, Thiébaud Rupez, dont Dieu ait l'ame. Or, témoigne-t-on vraiment, qu'il sut bien l'heure de son trépas : le quatrième jour de juin, c'est la vérité ; prions pour lui, ce sera avoir de la charité.

Cette pierre, un peu plus étroite par le bas que par le haut, ne porte point d'autre date ; mais les caractères lapidaires et l'ornementation archéologique indiquent qu'elle a dû être gravée vers la fin du xiiie siècle.

Moncets.

L'église de Moncets n'a rien qui soit digne de fixer l'attention, si ce n'est un petit bas-relief de saint Hubert encastré dans la muraille à gauche en entrant dans le chœur. Cette sculpture en pierre est de la fin du xvie siècle. Le saint y est représenté au moment où se livrant au plaisir de la chasse avec ses serviteurs dans une forêt, un cerf lui apparaît tout-à-coup, portant un crucifix au milieu de son bois. Saint Hubert descend de cheval, adore l'image miraculeuse, et un ange, voltigeant dans l'air, tient une étole entre les mains. Ce petit bas-relief s'explique parfaitement à Moncets, car nous avons appris que, lorsque des bestiaux des lieux circonvoisins ont été mordus par un chien soupçonné de la rage, les villageois les y conduisent, font dire quelques prières à leur intention, et leur font faire ensuite trois fois le tour de l'église, afin d'obtenir leur guérison.

Saint-Germain-la-Ville.

Deux mots sur les fleurs de lis, ancien symbole de la France.

De Chepy, où l'on voit une église non moins modeste que celle de Moncets, on parvient à Saint-Germain-la-Ville, où se trouve une des églises de transition les plus curieuses. Tout au dehors paraît très moderne, et tellement moderne lorsqu'on arrive du côté du che-

vet, comme nous le faisions, que nous aurions même
dédaigné d'aller demander la clef à l'instituteur si nous
l'avions trouvé fermée. C'est que la nef qui est presque
toujours la partie la plus ancienne des édifices religieux, à l'abri qu'elle est des intempéries des saisons,
c'est que la nef, disons-nous, est du milieu du xiie siècle, et infiniment remarquable par les détails dans lesquels nous allons entrer.

Elle se compose de quatre arcades ogivales de chaque côté, soutenues, les deux premières, vers le bas
de la nef, par des colonnes jumelles engagées ; et les
deux autres, par des colonnes aussi engagées, mais
simples, et toutes à chapiteaux variés fort curieux, représentant tantôt des espèces de macles ou figures prismatiques, des feuilles lancéolées et des zigzags ; tantôt
des billettes et même des fleurs de lis ; mais le tout bien
rustique.

Qu'on n'aille pas croire, cependant, que ces fleurs
de lis, dont est couvert l'un des chapiteaux, soient des
fleurs de lis héraldiques : non ; mais c'est la même
fleur, la fleur de prédilection entre toutes, la fleur qui
servait jadis d'ornement à toutes les têtes couronnées,
et pour leur sceptre, et pour leur couronne ; la fleur
qu'on retrouve chez les Syriens, les Babyloniens, les
Égyptiens, les Gaulois, les Néo-Grecs, les nations tudes-
ques et les Francs. Cette fleur, en un mot, que nous
croyons avec le savant P. Ménestrier (1) être le glaïeul
ou iris flambe, est devenue ensuite, sous le nom de
fleur de lis, le symbole des rois de France, à l'exclusion de
tous les autres ; on lui a donné pour support une fleur
semblable, mais plus petite ; on l'a semée dans un écu
héraldique sous les rois Louis-le-Jeune, Philippe-
Auguste et Louis viii ; et ces fleurs semées de la sorte,

---

(1) *Le Vérit. Art du blas.*, *ou l'usage des arm.*, p. **278** et
suivantes.

puis réduites enfin à trois par la suite, sont devenues ainsi le symbole du royaume lui-même.

Ce qui fait croire que les lis de l'écusson royal sont en effet des glaïeuls ou iris flambes, c'est qu'ils en ont la couleur jaune, qu'ils poussent dans l'eau, dont la teinte est bleue comme le champ de l'écu de France, et qu'on ne peut donner d'autre raison de la couleur d'or de ces fleurs, contrairement à la candide blancheur du vrai lis, qu'en supposant qu'on la leur a donnée attendu que l'or étant le plus précieux des métaux, sa teinte doit être considérée comme la plus noble. Mais, s'il en était ainsi, la blancheur étant ce qu'il y a de plus recommandable dans le lis, comme le prouve l'éloge si pompeux qu'en fait l'Ecriture Sainte elle-même, on aurait donc, sous ce prétexte, effacé d'un seul trait la vertu principale de cette fleur reconnue de tous comme le symbole de la candeur et de la pureté ? Cela ne se peut.

Les Francs, dit Roquefort, avant d'entrer dans la Gaule proprement dite, habitèrent d'abord les environs de la Lys, rivière des Pays-Bas, dont les bords sont encore couverts d'une espèce d'iris ou flambe jaune, qui diffère du lis commun et se rapproche davantage des fleurs de lis employées dans les armes de France. Or, il était naturel que les rois des Francs, ayant à choisir un symbole, prissent pour le composer une fleur belle et remarquable qu'ils avaient sous les yeux, et que, du lieu où elle croissait en abondance, ils la nommassent *fleur de la Lys*, et ensuite par syncope, *fleur de lis*. On la fit d'or dans l'écu, parce qu'elle est jaune, et on les mit sur un champ d'azur, parce qu'elles naissent au bord de l'eau, dont la couleur est ordinairement bleue. C'est ce que dit aussi Borel en parlant de l'oriflamme (1). Ajoutons que le

____

(1) Roquefort, *Gloss. de la Lang. romane*, *verb.* Leye; — Borel, *Antiq. gaul.*, p. 516.

glaïeul est aussi nommé *iris palustris*, et que Pline
nous apprend que les anciens rendaient une sorte de
culte à l'Iris (1), et alors nous comprendrons pourquoi
cette fleur était aimée de toutes les nations de l'antiquité. Elle était pour elles l'emblème du monde sorti
des eaux, ou plutôt l'emblème de la fécondation et de
la vie par les deux agents principaux, la chaleur et
l'humidité.

Ce qu'il y a de vraiment remarquable dans les fleurs
de lis de notre chapiteau, c'est qu'elles ne ressemblent
à aucune de toutes celles qu'on a pu recueillir jusqu'ici, pas même à un des innombrables exemples
qu'a produits M. Rey dans l'important ouvrage qu'il
a publié en 1837 (2). Voici pourquoi. C'est que toutes
celles qu'il a pu trouver dans l'univers entier étaient
isolées, et que celles de notre chapiteau sont doubles,
c'est-à-dire superposées deux par deux ; le fleuron su-
périeur de la fleur de lis qui est au-dessous de l'autre
servant de tige à cette dernière et s'y rattachant non
par le lien horizontal qui caractérise la fleur de lis héraldique, mais seulement par un petit globule. Or on
compte jusqu'à dix de ces fleurs de lis autour de la
corbeille de ce chapiteau, savoir : deux sur la face principale, deux à chacun des côtés, et deux autres sur
chacune des autres faces. Malheureusement, l'artiste,
voulant remplir les interstices qui restaient entre ces
fleurs, y a semé une sorte de petit ruban ou phylactère
qui apporte de la confusion dans l'ensemble, et il faut
un œil un peu exercé pour bien saisir le dessin de ce
chapiteau.

Au-dessus de toutes les arcades de la nef, règne
une sorte de frise ou bandeau formé de petits carreaux
rapprochés l'un de l'autre, ayant pour dessin deux li-

(1) *Plin*, lib. ii, c. 7.
(2) *Hist. du drap.*, *des coul. et des insig. de la monarchie
franç.*, *etc.*

gnes diagonales croisées en sautoir, accompagnées de quatre petites rosettes ou molettes ; et, plus haut encore, des petites fenêtres à plein-cintre. Au bas de la nef, sur la porte principale, à l'intérieur, on voit une autre décoration non moins précieuse : c'est une charmante archivolte, formée de zigzags ornés de filets, et sous chacun desquels est posé une perle ou globule. — A l'extérieur, cette même porte à plein-cintre a pour ornement une large archivolte où est reproduit d'abord le dessin de la frise en question, et immédiatement au-dessus, deux rangs de petits carrés disposés en losange. — Le chevet et les transepts ont été reconstruits au xviie siècle.

Pogny.

La nef de l'église de Pogny est un peu plus moderne que celle de Saint-Germain-la-Ville, mais également de transition et plus riche : on voit aisément que cette commune avait des ressources que l'autre n'avait pas. Ainsi, cette nef est percée de cinq arcades ogivales de chaque côté, portées par des piliers formés de huit colonnes engagées, adossées deux à deux, et ces arcades semblent soutenues par quatre tores reposant sur des bases qui s'appuient elles-mêmes sur les chapiteaux variés de chacun de ces piliers ornés de feuillages lancéolés, ou en zigzags, ou même d'entrelacs. — Plus haut, au lieu des petites fenêtres à plein-cintre de Saint-Germain, c'est une petite galerie simulée, dont les arcades également à plein-cintre reposent sur deux colonnettes jumelles, à chapiteaux variés, posées sur une moulure un peu saillante. — Le reste de l'église, assez jolie d'ailleurs, est du xvie siècle, hormis le clocher, toutefois, qui est de la même époque que la nef, comme l'indiquent formellement les billettes qui ceignent ce clocher ; mais le portail a été reconstruit au xviiie siècle.

Courtisols.

Les églises de Vésigneul-sur-Marne et de Marson

n'offrant rien de remarquable, nous nous transporterons dans celle de Saint-Martin de Courtisols. Celle-ci est un monument dont la majeure partie est du XVIe siècle : nous voulons dire la nef, les bas-côtés, et une partie du portail occidental ; car la porte principale de ce portail et la petite porte qui est à sa droite, ainsi que le clocher qui est au centre de l'église, sont du XIIe siècle. Les transepts sont du XVe, et le chœur de la même époque que le clocher et le grand portail.

Cette église est riche en sculpture, au dedans par ses chapiteaux, au dehors par ses gargouilles et l'ornementation du portail méridional. Elle est curieuse surtout, parce que sa nef est du même temps qu'une partie de Notre-Dame de l'Epine, et que l'une et l'autre églises ont été restaurées et embellies par le même architecte.

En effet, les chapiteaux de la nef et des grandes arcades des collatéraux donnant dans les transepts sont de la main d'un nommé Guichard Antoine, et nous verrons bientôt la part qui lui revient dans la construction de l'église de l'Epine. Tous sont chargés ou de lions, de chimères, de centaures, d'anges, de sirènes, ou de sphinx tenant un écusson chargé de divers emblèmes paraissant appartenir plutôt à un monument civil qu'à un monument religieux. Ici, vous voyez un homme et une femme les bras enlacés l'un dans l'autre ; là, des hommes caressant la figure ou le menton d'une jeune fille ; plus loin, une femme tenant les jambes d'un homme à cheval sur ses épaules ; ailleurs, des animaux dans diverses attitudes ; ici, des anges tenant un écu chargé du monogramme de Jésus (I H S), ou de la Vierge (M A.), en caractères gothiques ; et là, enfin, le sceau ou le cachet de l'architecte par l'inscription suivante, gravée en creux sur un rouleau ou phylactère, comme nous en retrouverons un semblable à Notre-Dame de l'Epine :

L'an mille V. C. et XX (1520), Guichart Athoie ici me mist.

Le phylactère sur lequel est cette inscription est la seule ornementation d'un des chapiteaux qui supportent les nervures de la voûte du chœur, au centre de la croisée ou des transepts, à droite en entrant dans le chœur.

On voit aussi dans la chapelle de la Sainte-Vierge de cette curieuse église, un joli groupe en pierre de trente centimètres de largeur environ, représentant la Vierge mise au tombeau par les apôtres. Ce charmant sujet religieux provient, dit-on, des Cordeliers de Châlons. — Outre cette église, il en existe encore deux autres à Courtisols : Saint-Julien et Saint-Memmie ; nous n'avons pu voir que cette dernière. Celle-ci est de transition ; la nef et le clocher sont du XIIe siècle, et de petites fenêtres à plein-cintre surmontent les arcades ogivales de la nef.

L'Épine.

Tout le monde connaît ce qui a donné lieu à la construction de la belle église Notre-Dame de l'Epine, commencée, dit-on, en 1419 par un anglais nommé Patrice, et achevée en 1529 par un Français, portant le nom d'Antoine Guichard. Nous ne répéterons donc pas tout ce qui a été dit à ce sujet par Baugier (1) et ceux qui l'ont suivi ; notre unique but est de faire connaître certains faits que nous ont appris la paléographie, et de jeter un peu plus de clarté s'il est possible sur l'histoire de cette église. Déjà, en parlant de l'inscription de Saint-Martin de Courtisols, nous venons de dire un mot sur une autre du même genre existant à Notre-Dame de l'Epine, et si nous avons omis de parler d'une seconde inscription qui se trouve attachée à la muraille extérieure du transept septentrional de

______

(1) *Mém. hist. de la prov. de Champ.*, t. I, p. 269 et suivantes.

Saint-Martin , c'est qu'elle n'avait aucun rapport avec ce monument, puisqu'il ne s'agit tout simplement que du décès de la femme d'un nommé Collesson-Jamin , en 1417 , et d'un obit fondé par elle. Mais ici , c'est autre chose : il existe quatre inscriptions à Notre-Dame de l'Epine , et toutes ont une certaine importance.

La première dont nous parlons pour mémoire n'est pas très-difficile à lire : aussi a-t-elle été déjà publiée a peu près dans les mêmes termes. Elle est en caractères romains , gravés en creux et se trouve au pied du grand portail , entre la porte principale et celle du collatéral méridional. C'est un soldat aussi ignorant que pieux qui l'a tracée en faisant ses adieux à l'église , et cependant elle mérite d'être recueillie , car elle rappelle deux faits historiques : l'assassinat du roi Henri ıv , d'abord , qui avait pris parti contre l'empereur d'Allemagne dans la querelle de plusieurs concurrents pour la succession vacante des duchés de Berg et de Juliers ; secondement, le passage à l'Epine de l'armée envoyée pour se joindre au prince Maurice de Nassau , qui faisait alors le siége de Juliers (1). La voici :

DOMUS :

: DOMUS : MEA : ORASIONIS : MEE : ADIEU.

: CHARLE : SENOTIER : DICT : LAFORGE :

: DE : BOURBONOYS : LE : 26 : JUIN : 1610 : HENRY :

: IIII : ROY : DE : FRANCE : ET : DE : NAVARE :

QUI : FUT : TUÉ :

: A : PARIS : LE : 14 MAY : 1610 : L'ARMÉ : ESTANT :

ICI : LOGÉ.

: LE : SOLDART : EST : DE : LA CONPAGNE : DE ·

MONSIEUR :

: DE : LAFORESE (la Force) : DU REGIMAN : DE :

CHANPAYGNE : Q : A : E :

Cette dernière phrase semble donner à entendre que

----

(1) *Art de vérif. les dates ; chron. hist. des rois de Fr.*

Charles Senotier aurait employé un maçon aussi peu lettré que lui pour graver le latin barbare et le mauvais français qu'il lui dictait.

Plus loin, sur la tourelle qui flanque le portail méridional, en dehors, on lit l'inscription inédite suivante, en caractères gothiques :

> Bones gens qui par cy passés,
> Priés Dieu pour les trespassés (1),

Mais venons aux deux dernières inscriptions inédites que nous avons en vue, car ce sont elles qui vont nous révéler les faits dont nous parlions plus haut. Voici ce qu'on lit encore sur la même tourelle du côté de l'ouest :

Lā. M. CCCC. XXXIX. les. merciers. de. Chaalōs. fréquētās. à. la. feste. de. ceste. ville. ōt. dōné. à. ceste. esglise. XXIX. l'. d'offrādes. t'.. en. leur. nom. à. cause. de. lēs. marchādises. pō. aidier. à. parfaire. ce. piler. ycy. et. escrire. lēs. nōs. V. de.... J. Adenet. J. de.... J..... G. Lesguilletier. R. Jourdin. J. Villart. C..... J.... Jacques N.... J.... M. Wiart. P.... J.... R. Legros. J. Lenglet. Le Camus. et. plus̄rs. autres. Pr̄s. pour. eulx.

Ainsi donc ces lignes que nous avons lues à grand

---

(1) Ce genre d'épitaphe était autrefois bien connu en France et spécialement en Bourgogne, car certain procureur du roi au bailliage de Dijon, mort en 1590, l'a ainsi parodiée dans sa jeunesse :

> Bonnes gens qui par cy passez,
> Priez Dieu pour les trespassez ;
> Bonnes gens qui passez par cy,
> Priez pour ce pauvre homme icy ;
> Qui par cy passez bonnes gens,
> A prier soyez diligens
> Pour le pauvre frère Grégoire,
> Qui ne mourut que de trop boire.

peine, car les caractères sont en relief, et l'intempé-
rie des saisons les a violemment corrodées ; ces lignes
nous apprennent que ce côté de l'église (le transept
méridional) était encore en voie de construction en
1439, et qu'un certain nombre de merciers de Châlons s'empressèrent de faire leur offrande à condition
qu'on leur permettrait d'inscrire leurs noms sur le pilier pour lequel ils contribuaient. Le chœur, par conséquent, devait être terminé, car c'est toujours par cette
partie de l'église que le vaisseau est commencé pour
pouvoir célébrer les saints mystères et même faire la
dédicace, et voilà qu'une quatrième inscription, également inédite, inscrite sur un rouleau semblable à celui
de Saint-Martin de Courtisols, et placée comme la
première sur un chapiteau, est conçue en ces termes :

*Lan mil V^c et XXVII, Guichart Anthoine tos
catre nos at fet.*

Or, ces quatre piliers faits par Guichard Antoine,
en 1527, et non par Antoine Guichard, comme l'ont
appelé Baugier et autres, faute de savoir que Guichard était aussi alors un prénom ; or, ces quatre piliers, disons-nous, faits par le maître des œuvres ou architecte Antoine, qui déjà avait reconstruit en partie l'église Saint-Martin de Courtisols, sont précisément ceux qui forment l'hémicycle du chœur. Leurs
chapiteaux sont plus beaux, plus artistement, plus dé-
licatement ouvragés que tous les autres de l'église, et
cette observation, née de la lecture de l'inscription placée précisément sur l'un de ces piliers du côté de la
chapelle de la Vierge, vous amène tout naturellement
à une autre découverte : c'est que l'hémicycle entier
et les cinq chapelles qui rayonnent autour sont en effet postérieurs au reste de l'édifice, et ont été construits
au commencement du xvie siècle. On peut, à l'aide
d'un examen attentif, reconnaître la reprise de ces travaux tant au dedans qu'au dehors de l'église.

Le chœur a donc été reconstruit par suite de quelque accident, ou pour l'agrandir, ou peut-être pour lui

donner un collatéral que sans doute il n'avait pas auparavant. C'est à cette dernière opinion que nous nous arrêtons. Il ne manquait à cette église qu'un collatéral autour du chœur pour ressembler tout-à-fait à une église de ville; disons mieux, à une petite cathédrale, et on aura jeté bas un chevet carré, qui, de tout temps, se serait opposé à cette ressemblance. Ainsi, c'est à l'architecte Antoine que l'on doit les malicieuses figures qui ornent l'extérieur du chœur, et probablement aussi toutes les autres gargouilles de la toiture avec sa balustrade; et, en effet, ce que nous avons vu à Saint-Martin de Courtisols, ainsi que le dessin et l'exécution de ces gargouilles, ne peuvent laisser aucun doute à cet égard.

Cuperly.

Sans avoir rien de formellement remarquable, les églises de Saint-Étienne-au-Temple, Vadenay et Cuperly, à quelques lieues de Courtisols, ont cependant des parties assez anciennes, et pouvant remonter aux xiie et xiiie siècles; mais les réparations successives ont détruit l'effet des premières constructions. Nous ne nous arrêterons donc qu'à l'inscription de la cloche de Cuperly, que personne n'avait lue jusqu'à présent. La voici :

IHS. (Jésus), M^a (Maria). *Lan mil V^c XXXIX* (1539) *me leverent Me Nicolle Remy, p̄re (prêtre); Pierre Cornet et Ysabeau sa femme; Jehan Cornet, Marie sa femme, et Pierre son fils; Claude Chauvry, Marson sa femme, et Claude, son fils; Coleson Lorin et Jehannette, sa femme; Barbe Moriau et Anne, sa femme.*

Juvigny.

L'église de cette commune est un monument dont toutes les parties accusent des restaurations faites à bien des époques différentes; néanmoins, ce qui reste de la construction primitive apporte de l'intérêt sur tout le reste. Ainsi, la nef construite vers le même temps que celle de Saint-Jean de Châlons et celle de Sogny-aux-Moulins, dont nous parlerons bientôt, est à arcades à plein-cintre en retraite, soutenues par des colonnes engagées, à chapiteaux rustiques, dont le plus remarquable est orné de deux grosses cordes, comme des câbles, posées l'une sur l'autre en guise de guirlandes. Plus récemment, les deux arcades voisines de la croisée ont été mises en tiers-point, lorsqu'on fit des réparations aux transepts après le dernier incendie qui ravagea l'église; car ces transepts sont à ogive, et les fenêtres à plein-cintre, excepté cependant celles du transept septentrional qui ont été refaites au xve siècle. — Au-dessus des arcades de la nef sont les fenêtres à claire-voie; elles sont aussi à plein-cintre, mais assez élancées dans l'intérieur du monument, et fort petites au dehors.

Jadis la nef était voûtée comme le reste de l'église; mais la voûte étant tombée, probablement après un premier sinistre, elle avait été reconstruite au xvie siècle; puis celle-ci subit le sort de la première, elle s'affaissa également. — L'escalier du clocher est du même temps que l'église. Chaque marche est soutenue par un cintre comme celles des escaliers de Notre-Dame de Châlons, dont nous verrons la date plus loin. Quant au clocher lui-même, il a été reconstruit au xive ou xve siècle.

Mais la partie la plus curieuse de cette église est le chœur sans contredit : nous le croyons de la fin du xie siècle. Il est percé de trois fenêtres à plein-cintre, ornées d'un tore pratiquées chacune dans un des trois panneaux à ogive, qui, à eux seuls, constituent l'hémicycle.

Son ornementation principale consiste en colonnettes assez minces, à chapiteaux à feuillage riche, sur lesquels reposent les nervures et même les retombées des voûtes des trois panneaux. A l'extérieur, cette ornementation est encore plus remarquable. Les trois fenêtres à plein-cintre, dont il est percé, sont surmontées d'une petite archivolte courante, et 50 à 60 centimètres plus haut, il est ceint d'une petite galerie semi-circulaire simulée, surmontée elle-même d'une corniche à petits corbeaux, au-dessus desquels est un riche cordon de billettes à quatre rangs.

Vraux.

Aux yeux de l'archéologue, l'église de Vraux pourrait l'emporter sur celle de Juvigny. Elle n'est pas aussi grande à la vérité, mais elle a l'avantage d'avoir moins souffert, et d'être d'un seul morceau, depuis le portail jusqu'au fond du chœur ou de l'abside. Elle est de la première moitié du xiie siècle. Les transepts seuls et les collatéraux ont été reconstruits ; les premiers, ainsi que leurs chapelles, vers le commencement du xvie siècle, et les derniers au xviiie.

La nef se compose de trois arcades semi-circulaires, en retraite de chaque côté, soutenues par des colonnes engagées à chapiteaux variés, offrant à l'œil des plantes dont la patrie doit être l'Orient. Le centre des transepts est voûté en ogive fort basse, comme celle de cette époque, et les nervures de la voûte sont tout simplement deux tores détachés au moyen d'un filet. L'abside, peu profonde, est voûtée, à plein-cintre, en forme de niche qui prend sa naissance aussitôt après une arcade ogivale supportée par deux colonnes jumelles de chaque côté, et que nous pensons avoir été ajoutée pour l'approfondir et la relier avec les transepts. Le jour y pénètre par trois petites fenêtres également à plein-cintre, au-dessous desquelles on voit une petite galerie simulée qui forme lambris autour de l'abside.

A l'extérieur, cette abside est flanquée de trois modestes contre-forts, et a simplement, pour entablement, un cordon de billettes à trois rangs. Le clocher, au centre de la croisée, comme tous ceux des environs de Châlons généralement, répond parfaitement au genre d'architecture que nous venons de retracer. Il est percé sur chaque face, d'une arcade à plein-cintre, qui

en renferme deux autres jumelles voûtées de la même
manière. Cette arcade s'appuie sur une moulure qui
ceint la tour ; elle est ornée de deux colonnettes de
chaque côté, et surmontée d'une moulure fortement
prononcée, composée de tores, de têtes de clou en relief, de filets, et de têtes de clou en creux ; et la base
ainsi que le chapiteau de ces colonnettes sont profilés
sur le nu de la tour, et semblent la ceindre également.
Plus haut, on aperçoit l'entablement : c'est un fort
cordon de billettes simples, c'est-à-dire une espèce de
tore scié de distance en distance.

Recy et Saint-Martin-sur-le-Pré.

En deçà de Juvigny, nous trouvons l'église de Saint-
Martin-sur-le-Pré et celle de Recy. La première est
fort petite, et en même temps bien simple : nous n'en
dirons que deux mots. La nef est du XIIe siècle, le
centre des transepts du XIIIe, et le chœur du XIVe. Les
transepts ont été abattus.

Celle de Recy, au contraire, est assez grande ; mais
elle offre une grande disparité dans sa construction.
Ainsi, le chœur est du XVIe siècle ; le transept méridional et sa chapelle, de la même époque ; le transept septentrional et la chapelle, de ce côté, de la fin du
XIIe siècle ; les reprises du centre de l'église ou dessous
du clocher du XVe ; la nef, quoiqu'elle paraisse être de
transition, du XIVe au XVe ; et le clocher ainsi que le
portail, du XIIe.

Fagnières et Saint-Gibrien.

Quoique ces deux églises n'offrent que peu d'intérêt, elles sont néanmoins trop près de Châlons pour
les passer sous silence. Il suffira de dire que celle de
Saint-Gibrien ressemble plutôt à une chapelle qu'à
une église de village. Cependant deux colonnes indiquent que le chœur est en partie du XIIe siècle. La
nef est du XVIIIe. Il n'y a jamais eu de transepts.

Quant à celle de Fagnières elle est construite dans les proportions ordinaires. La nef, à piliers carrés fort simples et à arcades semi-circulaires paraît être du xiie siècle; le chœur, les transepts et le clocher, sont du xve. — Il n'y a vraiment de remarquable dans ce monument religieux que les fonts baptismaux. C'est une cuve en pierre fort ancienne, dans laquelle, suivant l'usage d'alors, le néophyte recevait le baptême comme le Sauveur du monde, c'est-à-dire debout, ou agenouillé, ainsi qu'est représenté Clovis sur le portail de Notre-Dame de Reims. Cette pierre est ronde, mais carrée par le bas, affectant pour ainsi dire la forme d'une marmite antique, à quatre pieds.

Matougues.

La nef de l'église de cette paroisse est à arcades à plein-cintre en retraite, soutenues par des colonnes engagées à chapiteaux ornés de feuilles rustiques, dans le genre des chapiteaux de l'église Saint-Jean de Châlons, avec la nef de laquelle celle-ci a beaucoup d'analogie. Au-dessus des arcades, sont de petites fenêtres également à plein-cintre. — Le centre de la croisée est de la même époque, c'est-à-dire, du xiie siècle; mais la voûte a été reconstruite au xve, en même temps qu'on refaisait l'un des piliers multiples qui soutiennent la tour. Cette dernière, du xiie siècle elle-même, est percée de deux arcades semi-circulaires sur chaque face, surmontées d'une archivolte courante fort simple. — Les transepts sont du xve au xvie; et le sanctuaire, de cette dernière époque. Le portail, fort riche pour une église de village, ne date que du xviiie siècle.

Jâlons.

L'église de Jâlons est un monument de transition tout à fait disparate, menaçant ruine de toute part, mais qui a une certaine réputation à cause de la crypte de saint Éphrem, qui est au-dessous du sanctuaire. Cette crypte, éclairée par de petites fenêtres et dans laquelle on descend par un escalier placé à droite en avant du chœur, dans le transept méridional, n'est pas grande ; elle est voûtée à plein-cintre et à deux berceaux soutenus par deux colonnes isolées et par deux piliers carrés. Elle doit être du milieu du xii° siècle , ainsi que le chœur lui-même. Celui-ci reçoit le jour par de longues fenêtres semi-circulaires , percées dans des panneaux à ogives. La croisée de l'église, le clocher, le côté septentrional de la nef , ainsi que le portail et le porche qui a quelque analogie avec celui de Sarry, sont de la seconde moitié du xiie siècle ; et le côté méridional de la nef, du xve au xvie. — Tout cela n'est pas beau, et à l'exception de la crypte, du porche , et du centre de la croisée qui mérite aussi d'être conservé à cause du clocher qui est au-dessus (clocher percé de deux arcades à plein-cintre sur chaque face) , il est douteux qu'on puisse sauver les autres parties de cet édifice , qui, par suite de ces diverses constructions successives, ne se trouve plus sur le même axe. Le chœur incline à gauche d'une manière fort sensible.

Aulnay-sur-Marne.

Cette commune possède une église qui est à peu près de la même époque que celle de Jâlons, c'est-à-dire de la seconde moitié du xiie siècle. Cependant à l'opposé de cette dernière, le chœur ici est entièrement ogival. Il est éclairé de trois fenêtres à l'orient , dans le genre de celles du triforium ou grande galerie du chœur de Notre-Dame de Châlons, et par deux autres de chaque côté, au midi et au nord. En avant est le centre de la croisée, construit en même temps, et soutenant un clocher percé de deux ouvertures ogivales sur chaque face, qui en contiennent deux autres petites jumelles comme celles de Jâlons, si ce n'est que ces dernières sont semi-circulaires. On monte à ce clocher par un escalier à marches voûtées à plein-cintre en dessous comme ceux de Notre-Dame de Châlons, dont nous parlions dans l'instant. Malheureusement cet escalier, placé comme celui du village précédent dans un des massifs de la croisée qui supportent la tour, sera, comme lui, la cause de sa ruine. Elle menace d'une chute prochaine. Fasse le Ciel qu'elle ne s'écroule pas au moment de l'office, car un malheur affreux aurait lieu infailliblement !

La nef est fort simple, dans le genre de celle de Pocancy, dont nous parlerons plus bas, à arcades semi-circulaires, soutenues par des piliers carrés dont la corniche est ornée de losanges tracés en creux. Au-dessus de ces arcades sont des petites fenêtres à plein-cintre. — Au devant du portail, qui est du même temps, on voit un porche analogue à celui de Jâlons, quoique moins profond pourtant ; mais chacune des petites arcades dont il se compose est cependant à plein-cintre comme lui. — Les transepts et la chapelle méridionale qui est en avant de l'un d'eux, sont du xvi⁰ siècle. L'inscription suivante, qui est à l'entrée, en fait foi :

Job. Robin. et Claude. Milson. ont. assis. les. deux. premières. pie. (pierres) *de. ceste. chappelle. le. xxvi⁰ jo. de. mars.* 1538.

Une inscription latine, qui est également incrustée sur la muraille de cette chapelle, ajoute qu'un nommé Etienne Bailly prit soin de l'orner, et la pourvut d'ornements sacrés, au mois d'août 1578.

Champigneul.

Les églises de Villers-aux-Corneilles et de Saint-Pierre-aux-Oies n'offrant plus rien de caractéristique, nous nous transporterons à Champigneul. Celle de cette commune, assez bien conservée, est encore de transition et tout entière de la première moitié du xii⁰ siécle. Les arcades de la nef sont à plein-cintre en retraite, soutenues par des colonnes engagées à chapiteaux variés ornés de feuilles grasses Plus haut sont les petites fenêtres semi-circulaires de la claire-voie.

Comme cette église affecte un peu la forme des basiliques, les transepts sont peu prononcés, et semblent n'être que la prolongation des collatéraux; ensorte que ces derniers font presque face à l'autel pratiqué dans chacun d'eux. L'abside, voûtée comme celle de Vraux en manière de niche, est éclairée par trois fenêtres à plein-cintre, et au-dehors, elle est couronnée par un entablement à billettes, comme celui du chœur de Juvigny. Le clocher est aussi percé sur chaque face de deux arcades semi-circulaires qui en contiennent deux autres jumelles, et plus haut, sont des modillons soutenant la corniche de la toiture ; quelques-uns d'eux représentant des masques ou figures humaines. — Une ouverture ronde, au lieu de fenêtre, donne seule du jour dans les transepts : celle du côté méridional est entourée d'un large cordon de billettes.

Le portail occidental est en saillie comme la plupart de ceux de cette époque. Il a pour toute ouverture une arcade à plein-cintre en retraite, surmontée d'une archivolte soutenue par deux colonnettes de chaque côté, et il a beaucoup d'analogie avec celui de Saint-Alpin de Châlons à cause des deux arcades simulées pratiquées entre les contreforts qui flanquent ce portail. Plus haut, on aperçoit une sorte de corniche formée d'étoiles ou plutôt de fleurons crucifères rapprochés les uns des autres pour servir de couronnement.

Pocancy.

Nous n'avons que peu de chose à dire de l'église de cette commune. Cependant les piliers carrés de sa nef sont dignes de quelque intérêt : ils doivent être au moins du xiie siècle, si, toutefois, ils n'appartiennent pas au siècle précédent. Ces piliers supportent des arcades à plein-cintre, au-dessus desquelles on aperçoit les petites fenêtres de la claire-voie également à plein-cintre. Le chœur est de la fin du xve siècle ; mais le centre de la croisée et le transept méridional peuvent dater du xiie.

Thibie.

Si nous parlons ici de l'église de Thibie, ce n'est pas que nous ignorions qu'une notice historique de M. J. Garinet a déjà paru sur ce sujet. Cependant notre mémoire étant une sorte d'inventaire archéologique de Châlons et ses environs, nous ne croyons pas pouvoir distraire ce monument religieux de notre travail. Ceux qui voudront de plus amples détails auront recours à la notice précitée.

Le transept septentrional et le clocher de l'église de Thibie placé au centre de la croisée sont du XIIᵉ siècle. La nef est de la même époque, et peut-être plus ancienne ; mais la voûte de cette nef, dont les arcades sont à plein-cintre ainsi que les petites fenêtres de la claire-voie, a été reconstruite au XVIᵉ, alors qu'on refit le collatéral septentrional et le transept méridional et qu'on mettait en tiers-point les deux arcades de la nef qui touchent à la croisée. Le chœur ou le sanctuaire, un peu plus moderne que le reste de l'édifice, doit remonter néanmoins au commencement du XIIIᵉ siècle.

Ce qui rend cette église remarquable, ce sont d'abord les piliers carrés de la nef auxquels on a ajouté des colonnes au XVIᵉ siècle pour supporter, en apparence, les arceaux de la nouvelle voûte ; secondement, les chapiteaux rustiques des colonnes jumelles des piliers multiples du clocher. Là, ce sont des feuilles lancéolées ressemblant assez à ces couronnes de plumes dont les sauvages se parent la tête. Ici, ces mêmes plumes sont plus courtes et arrondies aux extrémités. Plus loin, c'est un feuillage rustique au milieu duquel apparaît une sorte de tête de léopard à la langue excessivement pendante. Ailleurs, des hiboux et une sorte de tête de bonze chinois. Ici, enfin, des macles et des figures prismatiques.

Nous ne saurions décider si la voûte, aujourd'hui ogivale et surbaissée du centre de la croisée, n'a pas été refaite elle-même au XVIᵉ siècle, comme celle de la nef et celle du transept septentrional. Ses arêtes vives et leur fraîcheur le font supposer. Quoi qu'il en soit, la tour qui est au-dessus n'offre pas moins d'intérêt à l'extérieur. Elle est percée, sur chaque face, de deux arcades à plein-cintre, qui en renferment deux autres semblables géminées, ornées de colonnettes à chapiteaux variés, laissant souvent apercevoir des têtes humaines aux angles, et toutes sont surmontées de tores et de filets. Une archivolte de billettes couronne ceux-ci ensuite ; un autre cordon semblable leur sert de base, et un troisième rang enfin est posé en guise d'entablement au sommet de l'édifice.

Vertus.

Puisque Thibie est à mi-chemin de Vertus, sortons un instant du cercle que nous nous sommes tracé, transportons-nous dans cette petite ville, nous y verrons un monument bien autrement curieux, et tout à fait digne de fixer notre attention.

Vertus, on le sait, était autrefois un endroit d'une certaine importance, où les comtes de Champagne avaient un château fort qui commandait la ville, et dans lequel ils avaient fondé, outre une abbaye de chanoines réguliers sous le titre de Saint-Martin, une collégiale dans la chapelle du château, sans parler d'autres établissements religieux tant en dedans qu'au dehors de la ville. Or, le monument dont nous parlons, car la révolution a renversé tous les autres, est précisément l'église des chanoines réguliers, tout près de l'ancien pont-levis, *intrà muros*.

D. Le Long, sur la foi de Marlot, dit que cette abbaye fut fondée vers 1130 (1); mais D. François reporte cette fondation en 1084. « Le comte Thibaut 1er, dit-il, décora cette église du titre d'abbaye, vers l'an

---

(1) *Hist. ecclés. et civ. du dioc. de Laon*, p. 337.

1084, de concert avec Adèle de Crépy, son épouse, et il fit venir, à cet effet, des chanoines réguliers de Saint-Augustin, pour lesquels il fonda un monastère près l'église de Saint-Martin, dont il porta le nom jusqu'en 1181 qu'il fut transféré hors la ville, et prit celui de Notre-Dame (1). » Ainsi donc, c'est vers la fin du xie siècle ou au commencement du xiie qu'il faut reporter la date de l'église de Saint-Martin de Vertus ; et en effet, les cryptes qui se trouvent sous toute la croisée de cet édifice religieux ont un caractère archéologique qui les fait remonter nécessairement à cette époque. On dirait, en apercevant le profil du couronnement des pilastres, en voyant les voûtes croisées à plein-cintre, à arêtes si vives de ces cryptes, que ces voûtes ont été faites dans le xviie siècle : on n'y voit ni nervures, ni arceaux dans la crypte du transept méridional; seulement, celles de la crypte du transept septentrional sont ornées d'arceaux représentant trois tores.

La crypte qui est sous le chœur et qui communique avec les deux précédentes par deux portes à plein-cintre surmontées d'une archivolte de billettes est plus moderne et du xiie siècle comme le reste de l'église ; mais malheureusement elle menace ruine ; elle est ogivale et à trois nefs, autrement dire à trois berceaux soutenus par deux rangs de colonnes isolées au nombre de trois de chaque côté, et dont deux sont cannelées. Tous les chapiteaux sont variés et dans le goût du xie ou xiie siècle, c'est-à-dire ornés de plantes grasses à crochets, comme tout ce qu'on voit dans la partie supérieure de l'édifice, ou même de feuillages lancéolés dont il a déjà été question ailleurs.

Il y a un autel dans chacune des cryptes, qui, quoique souterraines, sont assez bien éclairées par des fenêtres à plein-cintre. On y descend comme à l'église de l'abbaye de Saint-Denis, près Paris, par deux es-

---

(1) *Hist. manusc. du dioc. de Châlons-sur-Marne*, p. 212.

caliers qui se trouvent en face de chacun des collatéraux
de la nef ; mais l'un d'eux est aujourd'hui condamné :
c'est celui du transept méridional. Rien ne saurait dé-
peindre l'impression que l'on éprouve lorsqu'on parvient dans la crypte du chœur : la surprise, l'émotion,
vous arrachent involontairement un cri d'admiration.

L'église, quoique entièrement de transition aussi bien
que cette crypte, et du xiie siècle également, a été reprise à plusieurs fois différentes. Le transept méridional, qui supporte une tour carrée percée de deux ouvertures jumelles à plein-cintre sur chaque face, enrichies
d'une archivolte de billettes, et renfermant deux autres
petites arcades aussi à plein-cintre, est plus ancien que le
transept septentrional. Il est du même temps que la
moitié du chœur, dont le fond a été reconstruit ainsi
que la voûte au xve siècle.

La nef, moins riche que tout ceci, offre cinq ouvertures ogivales et une à plein-cintre de chaque côté ;
et le haut, non voûté, est éclairé par des fenêtres à
plein-cintre et ogivales. — Le portail n'a rien de remarquable par lui-même, sinon qu'il est percé de trois fenêtres ogivales, et que la statue de saint Martin, pa-
tron de l'église, orne le tympan de la porte.

Caves anciennes à Châlons.

La crypte ou église souterraine de Vertus nous rap-
pelant un article inséré, le 17 juin dernier, dans le *Journal de la Marne*, tendant à faire passer la cave de
MM. Gayot et Herbillon, de Châlons, sur la place du Marché, pour une crypte gauloise ou monument druidique
antérieur à l'an 61 de notre ère, nous ne pouvons
nous dispenser, quoique bien à regret, de dire ici
deux mots sur une opinion si erronée. Une idée tellement malheureuse, lorsqu'il s'agit d'un monument pu-
rement ogival, ne pourrait, d'ailleurs, si elle était pro-
pagée au dehors, que discréditer les habitants de Châ-

lons, en donnant à penser qu'ils ne sont pas à la hauteur de leur siècle. Et, en effet, quel est l'écolier de quinze à seize ans qui ne sache aujourd'hui que le style ogival n'a pris naissance qu'aux xii°et xiii° siècles ; que les voûtes des cryptes, avant cette époque, étaient à plein-cintre, et que chacun de ces siècles a une ornementation propre pour ses chapiteaux, ses bases et ses profils ?...... Sans doute au xviii° siècle, alors que la science archéologique du moyen âge n'existait pas, certains écrivains ont pu, comme D. Martin et Montfaucon, prendre des églises ou chapelles de Templiers pour des temples gaulois ; mais aujourd'hui que cette science est un fait, et qu'elle a répandu la lumière par une foule d'ouvrages publiés dans l'Europe entière, une telle aberration n'est plus permise. Un anachronisme de douze cents ans est une chose monstrueuse ; mais l'auteur de l'article semble les accumuler à plaisir : il suppose que l'église de Saint-Jean de la même ville est encore celle qui a servi de baptistère du vivant de saint Memmie. Or, cet apôtre de Châlons florissait sur la fin du iii° siècle, vers l'an 290, et l'église de Saint-Jean est de la seconde moitié du xii°siècle. C'est un nouvel anachronisme de plus de huit cent cinquante ans, et cela est triste à dire. Eh quoi ! s'écrie, à bon droit, un écrivain moderne, pour rendre une opinion recevable, suffit-il donc qu'elle ait été imprimée quelque part ? N'est-ce pas, au contraire, la critique qui fait le mérite de l'érudition ?

La cave en question est du xiii° au xiv° siècle ; elle forme un parallélogramme d'environ 16 mètres de longueur sur 8 mètres 50 centimètres de largeur, et 4 mètres 60 centimètres de hauteur. C'est une cave semblable, mais moins ancienne et plus petite que celle que nous avons décrite et dont nous avons donné le plan dans les *Antiquités de Noyon* (1). Elle est à double berceau en ogive,

---

(1) *Antiquités de Noyon*, p. 378-379 et pl. III.

soutenu par trois colonnes isolées, dont une à huit pans,
à chapitaux variés, ornés de feuillages dans le goût du
temps, et à bases octogones ; mais celles-ci sont aujour-
d'hui cachées par un remblai d'un mètre 30 à 40 centimètres, qui a eu lieu depuis à cause des eaux qui y venaient
dans certains hivers. Les arceaux et les nervures des
voûtes retombent ensuite sur les côtés et dans les angles de la cave sur des colonnes engagées, simplement
dégrossies, c'est-à-dire à trois pans ; et tout près de
chacune des clefs de voûte est un anneau scellé pour
gerber, selon l'ancienne méthode. Actuellement, elle
a perdu presque toute sa beauté, car une partie qui
faisait front à la rue des Poissonniers s'est éboulée ;
des murs de refend ont été établis, lorsque la maison
fut divisée en trois, dans le xviie siècle, et des murs
de soutenement qui ont été aussi construits, cachent plusieurs des colonnes engagées du pourtour.

Une seule chose relative à cette cave, et qui paraît
singulière au premier abord, c'est qu'on y a découvert
un petit cercueil en plomb contenant un squelette d'enfant. Mais lorsqu'on apprend bientôt après que quatre
à cinq mètres plus loin, derrière cette cave et dans
la même direction, le père de M. Faure, faisant construire celle qui touche à la même rue de Saint-Alpin,
trouva, outre quelques médailles et plusieurs tombe-
reaux d'ossements, une tombe en pierre et une seconde
construite en ciment ; que depuis, M. Drot, autre voi-
sin, rencontra aussi des ossements chez lui, on reconnaît alors que toutes ces maisons, à quelques mètres
de distance seulement de l'église de Saint-Alpin, ont
été bâties dans la partie méridionale de l'ancien cimetière de cette paroisse, probablement au xiiie ou
au xive siècle (1). Au reste cette cave n'est pas la seule

---

(1) Les tombes en pierre étaient fort en usage dans le
moyen âge. C'était dans l'abbaye de Saint-Sauveur de Ver-

à Châlons, il en existe une du même genre chez M. Aubry, rue Saint-Nicaise, une autre sous les maisons de MM. Cotteret et Longuet, vis-à-vis l'église de Saint-Alpin, deux autres, dont une plus ancienne encore, chez M. Meunier, rue Petite-Etape, etc.

Coolus.

De la commune de Compertrix, où il y a une petite église du XIVe siècle, mais d'une extrême simplicité, nous passons de suite à l'église de Coolus. Celle-ci possède une nef assez jolie, quoique non voûtée, du temps de la renaissance, à arcades à plein-cintre, et, à ce que nous croyons, construite sous Henri IV. Les colonnes en font toute la beauté : elles sont rondes, à larges bases, à chapiteaux saillants et variés, les uns carrés, les autres octogones ; tous chargés de petites cariatides, de rosaces ou de festons. Le chœur est du XVe siècle, le transept septentrional du règne de Louis XII, et celui qui est au midi, de la même époque que la nef. Le clocher, percé sur chaque face d'une fenêtre ogivale qui en renferme deux autres plus petites, indique le XIIIe siècle.

Écury-sur-Coole.

L'église de cette commune est de transition et du XIIe siècle ; mais la dernière arcade de la nef du côté méridional a été refaite au XVIe siècle. Il en est de même

---

tus, fondée vers l'an 1081, dit dom François, qu'anciennement la noblesse du pays choississait sa sépulture, d'où vient qu'en 1749, on y découvrit un nombre extraordinaire de tombeaux de pierre. (*Hist. manusc. du dioc. de Châlons-sur-Marne*, p. 212.)

de la voûte qui supporte le clocher. Selon toute apparence elle a été reconstruite dans un temps assez récent, par un simple maçon qui a sculpté sur certains chapiteaux des têtes barbares, auxquelles, sans le savoir, il a donné une physionomie vraiment égyptienne. On voit aussi dans cette église un chapiteau à fleur de lis placé positivement au même endroit que celui de Saint-Germain-la-Ville, mais infiniment moins curieux, quoique cependant assez remarquable.

Breuvery et Saint-Quentin-sur-Coole.

La simplicité de l'église de Nuisement-sur-Coole et de celle de Cheniers surtout ne pouvant attirer l'attention de l'archéologue, nous dirons seulement deux mots de l'église de Breuvery. Le chœur de cette dernière est du xII° siècle et assez analogue à celui d'Ecury. Les églises de Saint-Quentin-sur-Coole et de Cernon sont plus modestes encore que celle de Nuisement, s'il est possible. Cependant les verrières de Saint-Quentin, posées dans le chœur peu après sa construction, vers l'an 1529 et immédiatement avant que les transepts aient été bâtis eux-mêmes, méritent de fixer les regards.

Sogny-aux-Moulins et Mairy-s.-Marne.

Quoique l'église de Sogny soit peu de chose par elle-même, elle mérite cependant d'être examinée avec attention. Sa nef, formée de trois arcades à plein-cintre en retraite de chaque côté, soutenues par des colonnes engagées, dont l'ornementation rustique rappelle assez celle des chapiteaux de la nef de Saint-Jean de Châlons, est aussi éclairée, comme cette dernière, au-dessus des arcades, par de petites fenêtres à plein-cintre. Ce monument religieux est du xII° siècle. Le clocher, percé sur chaque face d'une ouverture ou fenêtre également

à plein-cintre qui en renferme deux autres petites semblables, le tout surmonté d'une archivolte formée de
billettes rustiques ou carrées, est de la même époque.
Quant au portail, l'ogive élancée qu'on y voit indique
suffisamment que cette partie de l'édifice a été construite
vers le temps de saint Louis.

Comme archéologue, nous avons été un peu moins
satisfait de l'antiquité de l'église de Mairy-sur-Marne.
Cependant, sa porte principale à plein-cintre, ornée
de tores surmontés eux-mêmes d'une archivolte de billettes parfaitement formées, annonce la dernière moitié du xıı° siècle. Le clocher pourrait être de la même
époque ; mais il n'a rien qui le distingue.

Église Saint-Jean de Châlons.
Première, seconde, troisième enceintes de la ville.
Château du Marché.

Déjà, dans cette statistique archéologique, si le lecteur l'a remarqué, parmi les églises que nous venons
de parcourir, nous en avons indiqué plusieurs du xıı°
siècle, soit à plein-cintre, soit de transition, dont l'architecture est analogue à celle de la nef de l'église de
Saint-Jean, et peut-être plusieurs personnes, aux yeux
desquelles cette dernière église est la plus ancienne de
Châlons, pourront s'en étonner. Qu'il nous soit donc
ici permis de faire une observation trop négligée de nos
jours, et cependant bien essentielle : c'est que la pau-
vreté ou la rusticité d'un édifice ou de ses sculptures
n'est pas toujours un indice d'antiquité, ces caractères
étant surtout propres aux nefs des églises de campagnes,
toute la beauté de l'architecture, toute l'ornementation
d'ailleurs étant particulièrement réservée pour le sanctuaire, et en partie pour les transepts à cause des autels
qui s'y trouvent.

Telle et telle église d'une même ville, d'un même
canton, peuvent avoir été édifiées au même moment et

pourtant présenter des différences notables, suivant que l'une ou l'autre aura été bâtie à la ville ou à la campagne ; que les fonds auront été plus ou moins abondants ; que les ressources auront été plus ou moins puissantes. Dans ce cas, ici ce sera un architecte habile que l'on appellera, et même un homme qui, par son âge peu avancé, tiendra moins aux anciennes méthodes et suivra davantage le progrès. Là, ce sera un simple maître maçon qui construira encore à plein-cintre, quoique le style ogival ait apparu depuis un demi-siècle et plus, parce qu'il aura moins de difficultés à vaincre, de dépense à faire, ou que cela entre mieux dans les goûts simples de ceux qui le mettent en œuvre.

La paroisse de Saint-Jean, on le sait, est dans ces dernières conditions ; quoique sous le patronage de l'abbaye de Saint-Pierre, elle n'a jamais été riche par elle-même, et ses ressources comme ses goûts ont dû être ceux des cultivateurs et des tisserands qui l'habitaient.

En un mot, Saint-Jean, autrefois dans le faubourg, était à la ville ce que lui est aujourd'hui Sainte-Pudentienne : de là la différence qui existe entre sa construction et celle de Saint-Alpin, qui lui est cependant antérieure de quelques années. Cette dernière, plus ancienne, a des arcades ogivales dans sa nef et des fenêtres à plein-cintre au-dessus, c'est-à-dire qu'elle est de transition, et la nef de Saint-Jean, au contraire, un peu plus moderne que celle-ci, se trouve être encore entièrement à plein-cintre : la transition ne commençant, comme dans la plupart des églises dont nous avons parlé, qu'aux grandes arcades de la croisée, qui sont ogivales.

En effet, la ville que presque tous les écrivains modernes s'imaginent avoir toujours été aussi grande qu'elle est maintenant, faute d'avoir étudié l'époque gallo-romaine, n'avait primitivement, suivant l'usage d'alors, qu'une étendue très ordinaire : environ trois cent-cinquante mètres de longueur sur deux cent cinquante de largeur. En dehors, et sous la protection de la place, étaient groupées les maisons des faubourgs, qui s'étendaient selon les besoins de la population agricole; et, à l'approche de l'ennemi, cette population mettant ses effets précieux à couvert dans son intérieur, venait contribuer à la défense commune en s'y réfugiant momentanément.

Ce qu'on nommait la cité, dit dom Le Long, était borné d'un côté par le ruisseau de Nau, et de l'autre par la partie de la Marne qui passe aux moulins de l'Évêque (Ces moulins étaient à la porte Marne, en face de l'écluse actuelle.), en sorte que la chapelle Saint-André, actuellement Saint-Alpin, était hors de la ville (1), comme à présent la chapelle Sainte-Pudentienne. Sa forme, encore reconnaissable maintenant sur le plan du cadastre, était celle d'un carré long arrondi ou plutôt d'un ovale irrégulier, indiqué au nord par la rue Saint-Dominique, autrefois appelée rue de Grève, parce que la Marne descendant de la porte de ce nom y coulait anciennement tout près pour la défense de la ville et venait faire sa jonction avec le Nau à la place des Sept-Moulins; et, au sud, par la rue des Cordeliers et celle de Choiseul qui se prolongeait jusqu'au boulevard Saint-Étienne en traversant une petite pointe du jardin de l'ancien évêché.

Après la retraite des Normands, qui avaient incendié la cathédrale et ruiné tout le pays, dit encore dom Le Long, on profita du calme pour construire et agrandir les faubourgs. La ville, vers la fin du xe siècle, s'étend jusqu'au ruisseau de Mau, c'est-à-dire que l'on enclava dans son enceinte l'église de Saint-Alpin, celle de Notre-Dame restant toujours hors des murs. Enfin les guerres des Anglais, au xive siècle, engagèrent les Châlonnais à renfermer le bourg de Saint-Pierre et le faubourg de Notre-Dame-en-Vaux dans la ville et à la fortifier comme

---

(1) *Hist. ecclés. et civ. du dioc. de Laon*, etc., p. 559.

elle est aujourd'hui (1). Ainsi donc il est clair qu'auparavant ce dernier agrandissement de la ville, au xiv⁰ siècle, l'église Saint-Jean était *extra muros* ainsi que le bourg Saint-Pierre dont elle faisait partie. Le fait historique suivant le fera encore mieux comprendre.

En 1359, les Navarrais faisaient cause commune avec les Anglais et couraient tout le royaume. Déjà maître de Beaufort, entre Troyes et Châlons, et de plusieurs autres places aux alentours, Pierre d'Andelle, l'un d'eux, commandant de Beaufort, apprenant que les Châlonnais ont eu l'imprudence de laisser partir leur capitaine, Pierre de Bar, avec sa compagnie, faute de lui payer la pension qu'ils lui devaient, projette de s'emparer de la ville par surprise. Au mois d'août, par un temps de sécheresse extraordinaire, il arrive secrètement de grand matin sur les bords de la Marne, avec 400 hommes à cheval. Il laisse les chevaux aux domestiques, passe la rivière à gué au-dessus de Châlons, dans un endroit que les gens du pays lui indiquent, et se dirige en diligence et sans bruit avec sa troupe vers l'abbaye de Saint-Pierre qui, à cette époque, dit Froissart, était en dehors de la ville (*tout amont au dehors de la cité*). Ils escaladent les murs de la cour de l'abbaye dans un endroit où ils n'avaient pas quatre pieds de haut, enfoncent la porte, et se répandent aussitôt dans le bourg.

Cependant les bourgeois qui montaient la garde dans la ville ayant cru entendre le bruit que faisaient les

---

(1) Il veut dire à peu près comme l'indiquent les anciens plans de 150 à 200 ans, où l'on reconnaît aussi ce qu'on appelait alors le *Château du Marché*. C'était un ouvrage de fortification assez compliqué qui faisait partie du pont des Archers, et qui se composait sur la rive gauche du Nau, de deux tours entre lesquelles était une porte de ville nommée *petite porte du Jard*, en face le quai des Cordeliers; et sur la rive droite, d'une autre tour reliée à une sorte de bastion intérieur qui faisait face à l'angle sud-ouest de la place du Marché.

2*

armures des ennemis, en s'avançant vers le couvent, avaient crié aux armes. Tout était en rumeur dans la cité, et beaucoup d'habitants réunis à la hâte marchaient résolument en avant, pour repousser l'attaque, tandis que d'autres s'apprêtaient à aller voir ce qui se passait à l'abbaye. Mais avant qu'ils pussent se reconnaître, l'ennemi s'était précipité sur eux, les avait tués et culbutés, et s'était introduit, malgré la vive défense de ceux qui leur succédaient, dans la première ville qu'il avait devant lui (entre le Mau et le Nau).

Dès lors, une lutte plus acharnée succéda à celle-ci ; les Châlonnais défendirent le terrain pied à pied ; mais n'ayant personne pour les guider, et se trouvant en présence de guerriers habiles et braves, couverts de fer, ils furent repoussés avec perte jusqu'aux ponts de la Cité, dont les Navarrais espéraient plus que jamais s'emparer. Néanmoins les habitants ayant eu la présence d'esprit de rompre un de ces ponts, appelés ponts de Marne par Froissart, parce qu'un bras de la Marne coulait au-dessous avec le Nau comme aujourd'hui, tout l'effort de l'attaque se porta sur celui qui restait, et que le manuscrit anonyme sur les évêques de Châlons dit être celui de Nau (1).

Cette précaution sauva la cité. Les Châlonnais n'ayant plus qu'un point unique à défendre, y mirent toute leur attention, tout le courage dont ils étaient susceptibles, et repoussant avec rage la furie des assaillants, les heures s'écoulaient et midi sonnait, lorsqu'un secours inattendu se montra tout à coup aux yeux des combattants. C'était le seigneur de Grancy qui, ayant appris

---

(1) Quoiqu'un manuscrit porte que la Marne, dont le lit principal était au pont Rupé, fut divisée en 1503 pour être conduite partie à la ville, partie aux moulins de l'évêque, dit D. Le Long, il est certain par une sentence de 1221 qu'elle remplissait les fossés de Sainte-Croix et du ban de Saint-Pierre. (*Hist. du dioc. de Laon*, etc., p. 360.)

la marche des Navarrais et des Anglais sur Châlons,
avait rassemblé quelques cavaliers de son voisinage, et
qui ayant marché tant de jour que de nuit, arrivait
avec MM. de Jaucourt, de Beaupré, de Germillon et
autres, jusqu'au nombre de soixante lances, au secours
de Châlons, où ils savaient qu'il n'y avait ni gentils-
hommes ni capitaine pour aider les habitants.

Les Navarrais et les Anglais, les voyant venir à eux
bride abattue vers le pont, bannière déployée, au moment où ils allaient emporter la place de vive force, com-
prirent aisément qu'il n'y avait plus pour eux de salut
que dans la fuite. Aussi, reprenant à l'instant le che-
min par où ils s'étaient introduits dans la seconde enceinte, ils regagnèrent l'abbaye de Saint-Pierre, et enfin
la rivière, où ils reprirent leurs chevaux pour s'en re-
tourner à Beaufort. Les Châlonnais, transportés de joie
d'un si heureux événement, reçurent leurs sauveurs à
bras ouverts; ils firent présent de cinq cents francs au
seigneur de Grancy, pour lui et ses compagnons, et ils
instituèrent une procession générale et annuelle pour le
dimanche d'avant l'Assomption dans l'octave de sainte
Claire. Ayant ensuite prié le seigneur de Saulx, cheva-
lier champenois, qui était avec M. de Grancy, de rester
au milieu d'eux pour mieux les guider et leur donner
conseil moyennant une pension honorable, ce seigneur
acquiesça volontiers à leur demande et s'employa aussitôt à fortifier et à réparer la place (1). Mais revenons
maintenant à l'église de Saint-Jean.

Depuis saint Memmie, qui avait fait construire la
première église de ce nom pour servir de baptistère aux
peuples qu'il évangélisait en dehors de la cité, trois
ou quatre autres ont dû se succéder dans le même lieu.
Celle qui existe aujourd'hui a été consacrée, dit un

____

(1) *Chron. de Froissart;* édition de M. Buchon, t. I, p.
398 et suiv.

ancien manuscrit de Saint-Pierre-aux-Monts, l'an 1165, par l'évêque Gui de Joinville : *Anno 1165 , quarto nonas septemb. , dedicatio ecclesiæ sancti Joannis Baptistæ* (1) ; il n'en reste plus que la nef et en partie le centre des transepts. Comme nous le disions plus haut, elle est entièrement à plein-cintre , sans voûte , à chapiteaux assez rustiques et variés, en pierre de faloise , et analogues à ceux des autres édifices religieux de la campagne que nous avons mis en rapport avec elle. L'un d'eux porte une fleur de lis.

Le centre des transepts , quoiqu'à arcades ogivales , est du même temps ; le chœur, restauré en 1603 , est du XIIIe au XIVe siècle , les deux transepts du XVe, et les deux chapelles de l'un et de l'autre côté ainsi que le portail , du XIVe, époque à laquelle l'église vit de grandes réparations , si nous en jugeons par l'inscription suivante en vers , qui se trouve sur le portail , mais qui a été affreusement mutilée dans la révolution :

L'an mil : CCC : LVI : le : dimange : devant : la : Tousains : li : teiserant : en : Dieu : servise : firent : denier : cette : église.............. C'est-à-dire : L'an 1356 (ou plutôt 1355 , pour la rime , car l'unité a été barrée), *le dimanche devant la Toussaint, les tisserands , dévoués au service de Dieu , se sont cotisés pour cette église.* Le reste , plein de lacunes , semble faire comprendre qu'une indulgence de quatre cent vingt jours était attachée à ceux qui feraient fête audit dimanche en mémoire de cette action pieuse.

Enfin, le clocher appartient à la restauration du chœur faite en 1603 ; l'ancien baptistaire situé près des fonts baptismaux actuels est du XVIe siècle , et les collatéraux du XVIIe au XVIIIe. Le corps de saint Lumier et celui de saint Elaphe son frère , qui avaient été inhumés dans

____

(1) Le P. Rapine, *Annal. ecclés. du dioc. de Châlons*, p. 308 ;— D. François, *Hist.* manusc. *du dioc. de Châlons-sur-Marne*, p. 255.

cette église, furent levés de terre, le premier vers le milieu du XIe siècle, par l'évêque Roger II, pour le porter à l'abbaye de Toussaint qu'il venait de fonder ; et le second un siècle après par Gui II, aussi évêque de Châlons, pour le donner à celle de Saint-Pierre. Cependant une pierre commémorative avait été sans doute placée depuis sur le lieu de la sépulture de saint Elaphe, car nous avons trouvé à Saint-Jean un fragment de pierre sépulcrale représentant un évêque la tête entourée d'un nimbe avec ces quelques mots qui font assez connaître le saint personnage : .... DE CHAA... T FRÈRES SEINT LIENMER, c'est-à-dire : *Saint Elaphe, évêque de Châlons, et frère de saint Lumier.*

Selon D. François, la translation du corps de ce saint aurait été faite par l'évêque Gui III, de Joinville, en 1164. S'il en était ainsi, cette tombe faite peu après serait presque aussi ancienne que l'église actuelle, sinon elle appartiendrait sans conteste à la première moitié du XIIIe siècle.

Saint-Alpin. — Foire des Sannes.

« Vers 1136, dit Buirette de Verrières, Geoffroy Ier, pour agrandir l'église de Saint-Alpin, insuffisante pour le nombre des paroissiens, s'empara d'une place où les marchands, à la foire des Sannes, exposaient leurs marchandises, au devant de l'église, qui se terminait à l'endroit où est le caveau que l'on voit encore dans la nef : elle fut agrandie de tout l'espace depuis ce caveau jusqu'au portail actuel (1). »

Ce peu de mots sur lesquels tout le monde a glissé jusqu'alors sans y faire attention, ne nous donne pas seulement, comme Buirette semblait le croire, la date

---

(1) *Annal. hist. de la ville et comté-pairie de Châlons-sur-Marne*, Introd., p. clxxx.

d'une adjonction à la nef actuelle depuis le caveau de saint Alpin jusqu'au portail actuel, mais bien celle de toute l'église elle-même. En effet, un simple coup d'œil suffit pour reconnaître que la nef entière est homogène, et les deux gros piliers qui sont à l'entrée du chœur, semblables à ceux de la nef, indiquent aisément que toute l'église avait été bàtie d'un seul jet. C'est là un fait certain qu'enseigne l'archéologie ; il est parfaitement d'accord avec la date indiquée ; et si nous ajoutons une douzaine d'années pour la durée de cette construction, nous trouverons que cette église a dû être consacrée vers le milieu du XIIe siècle, quinze à seize ans environ avant celle de Saint-Jean.

Au reste, il n'est plus question ici d'une église de village ou de faubourg : la nef est voûtée, et la transition commence dès le grand portail. On y voit tout d'abord une porte ogivale accostée de deux niches de même, et plus haut trois fenêtres à plein-cintre.

La nef est composée de six arcades ogivales en retraite de chaque côté, ornées de tores et de colonnettes ; mais en réalité, ces arcades ne forment que trois grandes travées bien distinctes. De même que dans la plupart des églises de ce temps, on aperçoit un pilier multiple au devant duquel est une forte colonne engagée qui supporte l'arc-doubleau et les nervures des arcs croisés de la grande voûte ; et à la suite de celui-ci, au lieu d'une colonne monocylindrique, succède un autre pilier également multiple, mais plus faible, sur la face duquel il n'y a qu'une mince colonne, et sur le chapiteau de celle-ci, trois colonnettes pour recevoir l'arceau et les nervures centrales de cette même voûte. Les chapiteaux, quoique variés, n'ont rien de remarquable et se ressemblent beaucoup entre eux. Plus haut, au-dessus de ces arcades, sont de moyennes fenêtres à plein-cintre : ce sont celles de la claire-voie.

Si en 1539, en refaisant les portes des collatéraux à côté de la porte principale, on n'avait pas pratiqué la chapelle du *Dieu de pitié* dans le bas-côté septentrional, ce collatéral serait encore tel qu'il était lors de la construction primitive, c'est-à-dire sans chapelles, et tirant le jour par de petites fenêtres semi-circulaires. Mais celui du midi a tout à fait changé d'aspect; on y voit de petites chapelles qui ont été construites à la même époque que la précédente, ainsi que le transept pour ainsi dire, car il porte la date de 1554. Le transept opposé n'a pas été rebâti. Quant au chœur, il a été reconstruit lui-même au xve siècle, de même que le centre de la croisée et le clocher qui est au-dessus.

De toutes les inscriptions qui entourent les pierres tumulaires dont sont pavées les églises de Châlons, la plus curieuse et la plus naïve que nous ayons vue existe à Saint-Alpin. Elle se trouve sur une pierre du xiiie siècle, sur laquelle est représenté un nommé Litiés et son jeune enfant. La voici : *Teil com estes, teil fumes nos ; teil com soumes, teil ceres vos. Por amour Deu, pries por nos, et si aies merci de vos.* Littéralement : *Tel comme vous êtes, tel fûmes-nous ; tel comme nous sommes, tel serez-vous. Pour l'amour de Dieu, priez pour nous, et ayez aussi pitié de vous.*

Le nom de la *foire des Sannes* ayant échappé à Buirette de Verrières, en parlant de l'église de Saint-Alpin, nous croyons utile de reproduire ici l'article suivant publié dans le *Journal de la Marne* du 10 juin 1847, par feu notre parent et ami, M. Barbier de Salligny, juge d'instruction :

Etymologie du nom de la foire de Châlons.

« SANNE, SENNE, sont des mots du vieux langage qui signifient *synode*. Le synode du diocèse de Châlons se tenait annuellement, et de temps immémorial, le quatrième jour après le premier dimanche de l'octave de Pâques. Tous les ecclésiastiques de ce diocèse et grand nombre d'habitants de la campagne s'y rendaient. La foire qui a encore lieu à cette époque à Châlons, a dû être instituée pour les jours où se célébrait cette fête religieuse, et en prendre le nom. Les synodes supprimés, la foire a conservé son nom d'origine. Quelques hommes instruits ont cherché l'étymologie du nom de cette foire. Nous croyons que celle que nous venons de donner, et qui est due aux recherches de M. M. D. L. F. M., est la véritable. Nous engageons les personnes à consulter : 1° les statuts du synode de Châlons, imprimés à Reims en 1557 ; 2° Coquillart ; 3° les dictionnaires de Du Cange et de Roquefort. Nous espérons qu'elles partageront l'opinion de M. M. »

En donnant cette étymologie à M. Barbier, à l'aide de la langue romane, et en l'assurant que ce nom indiquait non-seulement qu'il y avait autrefois un synode annuel à Châlons, mais encore qu'il devait concourir avec l'ouverture de la foire, nous avions piqué sa curiosité. Il avait désiré s'assurer du fait, et pour cela il était allé à la bibliothèque, où l'honorable M. Joppé, bibliothécaire, trouva en effet le passage suivant, qui ne laisse aucun doute : *Sancta synodus diœcesis Cathalaunensis, feria quarta post dominicam ab octavis sanctissimi Paschœ primam, in ecclesia nostra Cathalaunensi, ab antiquo annuatim celebrari consuevit* (1). C'est qu'alors la solennité de ces synodes avait un appareil majestueux qui frappait les populations d'ailleurs pleines de foi, et que ces cérémonies religieuses, par leur somptuosité sacerdotale, attiraient à la ville tous les habitants des alentours ; car on sait que la fête du saint sacrement, où le culte catholique déploie actuellement toutes ses pompes, ne

----

(1) *Statuta synod. etc.* ; Rem., 1557, p. 1. — La célèbre foire de Pâques, à Reims, a été instituée en 1172, par l'archevêque Henri de France, et elle doit son origine, dit Geruzez, à des indulgences et des pardons qui au temps de Pâques attiraient à la cathédrale jusqu'à cent mille pèlerins. (*Descript. hist. et stat. de la ville de Reims*, t. II, p. 589.) Celle de Châlons est sans doute postérieure, et l'on aura pris des mesures pour que le synode et la tenue de la foire se tinssent en cette ville à l'issue de la foire de Reims, afin que les marchands pussent y venir immédiatement après.

fut établie que longtemps après, en 1264, par le pape
Urbain iv. Par la suite, la signification du mot *Senne*
(synode) étant perdue, comme il venait à cette foire des
Allemands, et parmi eux des Saxons qu'on appelait
aussi alors *Sennes* et *Sannes*, on aura dit *foire des
Sannes* au lieu *du Sanne*.

Saint-Étienne ou la Cathédrale.

Aucun de ceux qui ont écrit sur cette église n'ayant
bien précisé les époques auxquelles appartiennent les
diverses parties de ce monument, et tous ayant omis l'é-
poque même où la portion la plus considérable du vaisseau fut reconstruite, nous essaierons d'en retracer l'histoire en deux mots.

La cathédrale de Châlons est un des beaux édifices
du xiii° siècle. Incendiée en 1138, réédifiée tout aussitôt et consacrée neuf ans après par le pape Eugène iii,
le 26 octobre de l'an 1147 (1), à la prière de l'évêque

---

(1) La Martinière, D. François, ainsi que M. Estrayez Cabassole se sont trompés en fixant la date de cette cérémonie
célèbre, les deux premiers le 28 novembre et le 25 d'octobre de l'an 1147, et M. Estrayez Cabassole le 28 octobre de
la même année. Peut-être ce dernier a-t-il suivi M. Garinet
qui déjà avait fait la même erreur quelques années auparavant (*Séance publ. de la Soc. d'agricult. du dép. de la Marne,
du 3 sept. 1836, p.* 105); mais quoi qu'il en soit, le vii des
calendes de novembre ne pouvant répondre qu'au 26 octobre, comme le dit le Rituel de Châlons, nous nous sommes
assuré que cette date du vii des calendes de novembre con-
signée dans l'histoire l'est également sur le tableau commé-
moratif de la cathédrale sur lequel on a tant discuté. Or, si
l'on se rappelle qu'il est rapporté dans l'Ordinaire de Châlons
qu'une éclipse de soleil parut tout à coup extraordinaire-
ment au moment où le pape avait à peine commencé à dire la
messe, on pourra en avoir la preuve dans l'*Art de vérifier les
dates*, qui fait mention de cette éclipse le 26 octobre de l'an
1147, à onze heures du matin.

Barthélemy de Senlis, elle fut de nouveau la proie des
flammes en 1230, sous l'épiscopat de Philippe II, de
Nemours, qui s'empressa de la réparer ou plutôt de
faire reconstruire le chœur, qui sans doute avait le plus
souffert. La crypte qui est sous ce chœur, la base et les
quatre premiers étages de la tour dont il est flanqué au
nord, à l'exception toutefois de l'escalier qui appartient
à la nouvelle construction (car l'ancien était dans le
massif qui est entre celle-ci et la tour), sont les restes
de l'église consacrée par le pape.

Dix-neuf à vingt ans après le sinistre de l'an 1230,
selon que nous l'apprenons d'une bulle du pape Inno-
cent IV, datée de Lyon le 18 février 1249, c'est-à-dire
un mois et quelques jours avant la nouvelle année qui
commençait en 1250, le 27 mars, les chanoines de
Châlons se faisaient autoriser par le pape à mettre à
exécution le statut récemment fait par le chapitre pour
subvenir aux frais que la reprise des travaux sur un
plan plus somptueux allait occasionner (1).

Cette fois, d'après ce que nous indique l'archéologie, ces travaux commencèrent par les transepts, et la
nef fut ensuite construite sur le même modèle jusque et
y compris la septième travée à la suite de laquelle était
le portail occidental. Ce ne fut qu'en 1624 que les deux
dernières furent ajoutées pour agrandir l'église, si Buirette de Verrières fut bien renseigné, car elles parais-
sent appartenir au XVe siècle (2), et quatre ans après,
en 1628, on terminait l'édifice par un nouveau portail
qui existe encore (3).

Mais en 1668, le 18 janvier, un samedi à six heures

---

(1) *Gallia Christ.*, t. IX, p. 887; — D. François, *Hist.
manusc. du dioc. de Châlons-sur-Marne*, p.308 et 309.

(2) *Annal. hist. de la ville et comté-pairie de Châlons*, etc.,
introd. p. lxvij.

(3) M. l'abbé Estrayez Cabassolle, *Notice hist. et descript.
sur la cathédrale de Châlons*, p. 26.

du soir, suivant une note que nous trouvons dans un manuscrit de famille, le feu du ciel tomba sur la belle flèche qu'avait fait élever en 1520, sur la vieille tour dont nous parlions dans l'instant, l'évêque Gilles de Luxembourg. L'incendie dura jusqu'au lendemain dimanche 19, à sept heures du matin. La flèche en bois recouverte en plomb, haute de 96 mètres au-dessus de la maçonnerie, tomba comme la première fois tout embrasée sur la toiture de l'église déjà en combustion, creva la voûte du chœur, de manière que le feu se précipita avec celle-ci sur le maître autel et le réduisit en cendres avec plusieurs châsses. On n'eut que le temps de sauver les autres et d'enlever le saint sacrement; mais plusieurs personnes, entre autres deux récolets, périrent victimes de leur dévouement.

L'évêque Félix III, Vialart de Herse, voulant réparer un tel désastre, appela auprès de lui les architectes les plus habiles. Ceux-ci, pour se rendre à ses désirs, ne se contentèrent pas de refaire la voûte, ils trouvèrent même le moyen de substituer des colonnes aux quatre piliers du sanctuaire les plus endommagés par le feu qui était venu se concentrer à leur base. Ils firent ensuite les trois chapelles du rond-point et achevèrent le collatéral qui auparavant n'allait pas plus loin que le second pilier de l'abside. Enfin, ils élevèrent sur les tours deux clochers à jour en pierre, qui menaçant ruine en 1820, furent démolis et reconstruits sur le même dessin. Tous ces travaux, dus à la munificence du vénérable évêque, aidé du roi Louis le Grand, furent achevés, dit-on, en 1672; mais le maître autel, qui passe pour un des plus beaux de France, n'a été élevé qu'en 1686, sous l'épiscopat de son successeur Louis-Antoine de Noailles, depuis archevêque de Paris et cardinal.

Quant aux chapelles de la nef, on peut voir par les deux ou trois premières travées des bas côtés qu'aucune n'était entrée dans le plan primitif. Celle de *Jésus souffrant*, sur la façade de laquelle la salamandre de la devise de François Ier est empreinte deux fois comme sur certaines monnaies de ce prince, indique parfaitement qu'elle a été pratiquée à l'époque de la renaissance : aussi porte-t-elle la date de 1537. Il en est de même de celle du *Saint-Lait ;* mais les autres sont de la fin du même siècle et du commencement du XVIIe.

Église collégiale et paroissiale de Notre-Dame.

L'église collégiale et paroissiale de Notre-Dame-en-Vaux, érigée en paroisse par une bulle du pape Pascal II, en 1107, n'était originairement qu'une simple chapelle de la Sainte-Vierge, bâtie sur un cimetière de Saint-Lazare, et donnée en 666 par l'évêque Arnoul Ier au chapitre de sa cathédrale, qui y attacha par la suite des prêtres décorés du titre de chanoines (1).

En 1157 elle menaçait d'une ruine imminente, et déjà l'on avait retiré les vases sacrés, la menuiserie, les bancs, les verrières et jusqu'aux cloches, lorsque le 16 des calendes de février, c'est-à-dire le 17 janvier, jour de saint Sulpice, les voûtes tombèrent tout à coup, au moment où, fort heureusement, il n'y avait personne dans l'église, malgré le concours ordinaire de pèlerins qui la fréquentaient tant de jour que de nuit.

Une circonstance aussi heureuse, lorsque l'événement pouvait être si funeste fut attribué à la glorieuse patronne du lieu. Chacun voulut contribuer de ses mains et de ses moyens à lui élever un temple plus auguste, et l'élan religieux fut porté à un tel point, dit le P. Rapine, d'après d'anciens manuscrits, que « comme la dévotion croissait envers la sainte Vierge, non seulement de toute la province, mais des pays les plus éloignés, grands et petits, pauvres et riches affluaient, offrant leur labeur et de grosses sommes pour diligenter le rétablissement de cette

---

(1) D. Le Long, *Hist. eccl. et civ. du dioc. de Laon,* p. 562.

église. Jusques aux femmes et petits enfants, ajoute-t-il, tous ployaient les épaules sous leurs charges, portant même dans leurs vêtements le sable, les pierres et la chaux, faisant conscience et dédaignant d'employer des chevaux et bêtes de charge pour voiturer les matériaux dont cette sainte maison devait être bâtie (1). » De là la beauté de cette collégiale construite à la porte de la ville, comme il a été dit ci-dessus, et la richesse de ses sculptures.

Entreprise tout aussitôt, ou mieux l'année suivante, car l'année commençait alors à Pâques, les travaux se poursuivirent sans relâche sous la direction de deux architectes qui se succédèrent l'un à l'autre, ainsi qu'on le reconnaît à l'inspection du monument : les étages de la grande et de la petite galerie de la nef étant plus élevés que ceux du chœur, et celui-ci lui-même n'étant plus tout à fait sur le même axe, ce qui arrive presque toujours lorsque la nef et les transepts ont été bâtis après coup (2). Cependant, malgré cette inégalité et les irrégularités qu'on aperçoit dans ce temple, le triforium ou grandes tribunes du chœur et de la nef, la petite galerie qui est au-dessus, la richesse inouïe et la variété des chapitaux de la nef, ainsi que la décoration extérieure du vaisseau entier, en font une des églises les plus remarquables de France.

Construite peu après celle de Saint-Alpin, le plan du rez-de-chaussée offre beaucoup d'analogie entre elles ; on voit également à Notre-Dame l'alternance d'un pilier fort et d'un pilier plus faible, faisant absolument les mêmes fonctions que ceux de Saint-Alpin, et formant pareillement trois grandes travées de chaque côté. Mais, comme il y a deux tours au grand portail de Notre-Dame, il existe en outre une semi-travée ou grande ar-

(1) Le P. Rapine, *Annal. eccl. du dioc. de Châlons*, etc., p. 289.
(2) Voyez *Antiq. de Noyon*, p. 361, à la note.

cade en plus à droite et à gauche pour relier les tours entre elles : ce qui donne en tout sept arcades pour chaque côté. De même qu'à Saint-Alpin, aussi, les collatéraux ne recevaient le jour que par de petites fenêtres semi-circulaires très élevées : aujourd'hui, il n'en reste qu'une près de la sacristie. Les autres ont été agrandies au xvie siècle, au préjudice même de la voûte, pour recevoir de magnifiques vitraux plus remarquables encore que ceux de Saint-Alpin, et mêmes supérieurs, dit-on, à ceux de Pont-Audemer, qui sont cependant des plus renommés et de la même époque.

La transition n'apparaît à Notre-Dame que dans les tours et dans les transepts. Ces derniers, d'une bien grande simplicité à l'intérieur, sont fort riches à l'extérieur, du moins celui du midi. Le pignon du transept septentrional est percé de deux fenêtres à plein-cintre au-dessus desquelles, dans le milieu des deux, est une ouverture circulaire, et plus haut, au-dessous de la voûte, trois fenêtres ogivales, celle du centre excédant les deux autres. La disposition du pignon du transept méridional est à peu près semblable, savoir : deux fenêtres semi-circulaires d'abord ; au-dessus, deux roses à quatre lobes, et plus haut trois fenêtres ogivales, mais d'égale hauteur. A droite et à gauche dans l'un et l'autre transepts, on aperçoit d'autres fenêtres à plein-cintre et ogivales ; et dans celui du nord, l'extrémité de la grande tribune du chœur, percée de deux arcades jumelles à ogive, divisées par une colonne octogone : le tout encadré dans une grande ogive simple qui ne brille que par ses chapiteaux.

Les deux tours qui flanquent le chœur et les deux autres du grand portail, ont beaucoup de rapport avec l'ancienne tour de la cathédrale et avec celles du xiie siècle que nous avons trouvées dans les villages voisins. Elles sont percées sur chaque face aux premier et second étages de deux arcades à plein-cintre, ornées de colonnettes engagées, et au troisième étage, au-dessus d'un cordon de billettes, de deux autres arcades également à plein-cintre, mais plus ouvertes et renfermant deux autres petites ouvertures jumelles du même genre. Toutefois, le troisième étage de la tour septentrionale du grand portail ayant clos les travaux de l'église au moment où le système ogival triomphait décidément du plein-cintre, les ouvertures de cet étage sont à ogive. De petits escaliers étroits, dont chacune des marches est soutenue en dessous par un arc à plein-cintre, conduisent au premier étage de ces tours qui jadis étaient toutes surmontées d'une belle flèche aiguë en bois, recouverte en plomb, semblable à celle qui existe encore, et que le zèle éclairé de M. Champenois, curé de cette paroisse, parviendra bientôt, dit-on, à faire rétablir. Un seul de ces escaliers s'élève jusqu'à la toiture de l'église : c'est celui du transept méridional, en face duquel était le puits sacré, près du gros pilier du collatéral de la nef ; mais à la hauteur de la petite galerie du chœur, sa construction n'est plus la même, les marches sont apparentes en dessous comme dans les escaliers ordinaires.

Partout à l'extérieur du vaisseau on ne voit qu'ornementation et sculptures. Ce sont des colonnes cannelées, surmontées de jolies petites statues autour des chapelles du chœur ; des frises, des corniches chargées de feuillages ; des corbeaux, dont quelques-uns offrent des figures humaines ; des fleurons crucifères autour de toutes les fenêtres ; enfin, au midi, un portail latéral qui réunissait à lui seul, avant l'horrible mutilation qu'il a subi en 93, tout ce que le génie de la statuaire peut concevoir de plus riche et de plus délicat. Le grand portail seul, d'un accès peu facile anciennement, à cause de la proximité de la rivière, qui alors n'était pas bordée de quais comme aujourd'hui, est d'une simplicité trop sévère : on voit aisément que toute la décoration extérieure a été dévolue au chevet et au côté méridional du vaisseau par où les fidèles et les pèlerins avaient principalement accès dans le temple.

On conçoit, par tout ce que nous venons de dire,

combien le pèlerinage à Notre-Dame de Châlons était autrefois célèbre, car tant de richesse ne provient visiblement que de l'abondance des offrandes de ce pèlerinage qui, selon toute apparence, a dû se soutenir jusqu'a ce qu'il ait été supplanté par celui de Notre-Dame de l'Epine dans le courant du xve siècle.

Quoi qu'il en soit, réédifiée aussitôt après sa ruine en 1157, cette église fut consacrée, dit un ancien manuscrit de Saint-Pierre-aux-Monts, par l'évêque Gui de Joinville en 1183 : *Anno 1183, Guido episcopus benedixit ecclesiam beatæ Mariæ in vallibus* (1). Un autre document qui se trouvait dans les archives de cette collégiale elle-même faisait encore mention d'une autre dédicace par l'évêque Pierre de Latilly en 1322, d'où vient que quelques auteurs disent que cette église fut plus de cent soixante ans à bâtir ; mais c'est une erreur. Il n'est pas besoin d'être bien fort en archéologie pour reconnaître que l'édifice entier appartient au xiie siècle, et qu'il n'y a pas dans tout le monument une seule pierre du xive. Le porche seul du portail dont nous déplorions la mutilation il n'y a qu'un instant, est plus moderne que le reste du temple : il a été construit en 1469 (2). Il faut qu'il ne soit question ici que de la dédicace d'un nouveau maître autel ou de quelque chapelle particulière.

L'auteur du manuscrit anonyme sur les évêques de Châlons, voulant expliquer cette contradiction, prétend qu'il faut entendre par ces paroles une réconciliation de l'église, parce qu'elle avait été profanée en 1290 dans un conflit entre les chanoines de la cathédrale et de Notre-Dame, et l'évêque Jean de Château-Villain, qu'ils voulaient dépouiller des droits de

---

(1) Le P. Rapine, *Annal. eccl. du dioc. de Châlons*, p. 314 ; — D. François, *Hist. manusc du dioc. de Châlons*, p. 249.
(2) Buirette de Verrières, *Annal. hist. de la ville et comté-pairie de Châlons*, introd., p. clxviij.

juridiction qu'il avait sur eux ; mais il ignorait sans doute que les chanoines, à la vérité encore en état de rébellion, avaient fait réconcilier l'église en 1293, par un suffragant de Langres, sans en demander la permission à l'évêque ni à son archidiacre ; et qu'enfin cette malheureuse contestation fut entièrement terminée arbitralement le 10 janvier de l'an 1300, au moyen du sacrifice que fit l'évêque d'une partie de ses droits (1). Évidemment la paix ayant été faite en 1300, l'église réconciliée en 1293 n'avait pu rester fermée jusqu'en 1322. Il faut, comme nous le disions plus haut, que le chroniqueur écrivant *postérieurement,* ait pris une bénédiction d'autel pour une nouvelle consécration.

On voit sur la muraille, au-dessus de l'escalier de l'orgue de cette église, un petit bas-relief représentant un homme mort couché dans son tombeau, et au-dessous l'inscription suivante en vers, qui a été rendue d'une manière inexacte par Baugier (2). Nous y ajoutons l'année que nous avons découverte tout récemment sous une couche de plâtre.

> Cy gist mort tout estādus Guillame Brossart derier set huis ;
> Sa feme auprès de son costés : Pries Dieu pour les trespassez. Il décéda : 1322. »

Saint-Loup.

L'église de Saint-Loup est la plus petite et la plus moderne de Châlons ; mais elle est bien éclairée et a l'avantage de porter sa date avec elle. Si l'inscription de la porte de l'église de Saint-Jean nous a appris que cette paroisse était celle des tisserands qui fabriquaient autrefois les étóffes renommées de la ville, les deux inscriptions suivantes nous révèlent aussi que la paroisse de Saint-Loup était particulièrement celle des vi-

---

(1) D. François, *Hist. manusc. du dioc. de Châlons,* p. 526, 527, 528 et 550.

(2) *Mém. hist. de la prov. de Champ.,* t. II, p. 106.

gnerons et des tonneliers. Voici ce qu'on lit sur le pilier de la nef qui est entre la chaire et le transept septentrional :

« *Lan* ᴍ. *cccc. lix* (1459). *la. cõfrarie. des cufeus* (cuveux , cuveliers , tonneliers). *dõna xi. l̄b. ī. p̄o. f̄oder. ce. pille* (pilier). » — Et sur l'autre pilier qui est en face , derrière le banc d'œuvre , on lit encore : « *Lan* ᴍ. *cccc. lxi. la. confrarie. des. cufeus. dõna. XXIIII. ī. ī. et la 9 frarie. des. vigner̄os. dõna xxx. ī. ī. p̄o. ce. pille : Pr̄s. p̄o. culx.* » (*L'an* 1461 , *la confrairie des cuveux donna* 24 *livres tournois , et la confrairie des vignerons ,* 30 *livres tournois pour ce pilier. Priez pour eux.*)

DEUXIÈME PARTIE.

DISSERTATION

SUR LES *CATHALAUNI* ET LEUR VILLE *DURO-CATALAUNUM*
(CHALONS) ;

ÉTYMOLOGIE DE L'UN ET L'AUTRE NOMS.

Et maintenant que nous avons touché quelques points d'archéologie qui se rattachent à l'histoire de Châlons, essayons à l'aide de la linguistique de remonter à son berceau ; faisons connaître l'étymologie si recherchée du nom des *Cathalauni*, ses fondateurs, et examinons si ce peuple n'a pas laissé de trace de son ancienne puissance.

Buirette de Verrières, adoptant l'opinion de Marlot et de Fauchet , dit avec eux que l'étymologie du mot *Cathalauni* paraît venir du mot latin *Cathuarii, Cathuares,* c'est-à-dire les *Cattes,* dont il est fait mention dans quelques éditions des commentaires de César, et il ajoute que l'analogie de ce mot latin avec celui de *Cathuari* est beaucoup plus suffisante pour justifier l'opinion de Marlot et Fauchet sur le nom de *Cathalaunum, Cathalauni*, que celle qu'il y a entre le *Durocortorum* de César et *Remi, Remorum*, pour désigner Reims (1). Cependant D. François, dans le manuscrit duquel Buirette paraît avoir trouvé le développement de cette proposition, que celui-ci dit être celle de Marlot et de Bergier, l'avait déjà réfutée ; il écrit *Catuaci, Cathuaces* au lieu de *Cathuarii, Cathuares*, et démontre clairement qu'il n'est nullement fait mention des *Cattes* dans les commentaires de César, mais bien des *Aduatici* ou peuple de Namur, nom qui a été maladroitement écrit *Catuaci*, et qui n'a rien de commun avec celui des Cattes (2).

En second lieu, les Cattes, qui faisaient partie de la confédération des Francs, étaient des peuples d'origine germanique, et bien postérieurs aux Gaulois, tels que les *Remi* et les *Cathalauni*, dont les noms sont éminemment gaulois, et par conséquent antérieurs à César.

Troisièmement, les mots *Cathalauni* et *Catuaci* n'ont aucune analogie, puisque le dernier est le résultat d'une leçon fautive. D'ailleurs ce ne sont pas là des mots latins, mais des mots gaulois, auxquels les Romains, suivant leur usage, n'ont ajouté qu'une désinence latine sans traduction aucune. Quant à celui de *Cattæ, Catti*, nom des Cattes, et à celui des *Attuarii*, autre peuplade des Francs confédérés, c'étaient des noms germaniques auxquels les Romains ont également ajouté une désinence latine pour les approprier à leur langue.

---

(1) *Annal. hist. de la ville et comté-pairie de Châlons-sur-Marne*, introduct., p. xxiij et xxiv.

(2) Voyez D. François, *Hist. du dioc. de Châlons-sur-Marne*, p. 4 et suiv. — Cet ouvrage manuscrit est à la bibliothèque publique de Châlons.

Enfin il n'y a aucun rapprochement à faire entre le nom de *Reims* et celui de *Durocortorum*, puisqu'il est certain que les villes capitales gauloises abandonnèrent le leur au IVe siècle pour prendre celui de leur peuple : de là *Remi* (Reims), au lieu de *Durocortorum*, et *Cathalauni* (Châlons), au lieu de *Duro-Catalaunum* ou *Duro-Catelaunos*. Ce n'est donc pas à la langue latine ni à la langue germanique qu'il faut avoir recours pour trouver l'étymologie de *Cathalauni* et de *Duro-Catalaunum*, mais au gallois et au breton, dialectes gallo-kimriques „ que le monde savant reconnaît aujourd'hui pour être incontestablement des dialectes de la langue gauloise.

Ceci établi, nous entrons en matière, et nous disons que l'étymologie de ces deux noms vient directement de *Cad*, en gallo-kimrique, *guerre*, bataille, combat (*pugna*); d'où *Cadwr*, *Cadarn* (*Kader* en arabe), brave, *guerrier*, courageux, puissant ; puis *Caduel* ou *Cadwal* (avec l'adjectif qualificatif *huel*, *altus*, encore employé dans les noms propres au pays de Galles en Angleterre), c'est-à-dire *grand guerrier*, guerrier illustre, brave par excellence ; et enfin *Cad-wel-aun*, *catuell-aun* ou *Cathual-on* (avec le suffixe explétif *aun* ou *on*), formes que nous allons retrouver dans les divers noms qui suivent et qui ont toutes le même sens (1).

Et d'abord, remarquons que cette qualification honorifique peut être donnée aussi bien à un individu qu'à un peuple ou à une tribu. Ainsi *Cassiwellaun*, *Caswellaun* ou *Caswalaun* est le nom d'un prince belli-

____

(1) Walter Scott, qui dans ses romans historiques peint si bien les mœurs, le langage et les coutumes des Gallois et des *Highlanders* ou montagnards écossais, ne manque pas de donner à ses héros les noms en usage dans chacun des deux pays. Aussi, *Cadwallon* est-il un des noms de ces héros gallois.

queux qui était à la tête des Bretons insulaires lors de
la seconde expédition de César dans l'île Britannique,
et qui les excitait le plus contre les Romains, lors de
cette seconde invasion (1). Les Triades galloises, document le plus ancien de l'histoire du pays de Galles,
l'appellent *Caswalawn* ou *Cadwalawn*, parce qu'en
gallois et en breton, le **D**, le **T** et l'**S** sont des lettres
essentiellement permutantes (2). Voyons maintenant
dans la Notice des Gaules, par Adrien de Valois, toutes
les formes qu'a subies le nom de *Cathalauni* ou *Catalaunum*, et nous reconnaîtrons que toutes dérivent
d'un seul et même mot (*Cadwelaun* ou *Cathwa-
laun*) (3).

Le premier qui ait parlé de Châlons, dit ce savant
homme, est Eumène, qui, dans un discours qu'il
adressa à Constantin, y rappelle la défaite de Châlons,
clades Catalaunica, où Tétricus fut vaincu par l'empereur Aurélien, l'an 273, comme l'écrivent Vopiscus
et Eutrope : d'où l'on doit conclure, dit-il, que déjà
les Romains connaissaient le nom de *Catalauni*.

Ammien Marcellin, qui se trouva avec Eutrope à l'expédition de Julien contre les Perses, ajoute-t-il, nomme Châlons entre les plus belles villes de la seconde
Belgique ; il la cite avant Reims, métropole de la province, et l'appelle *Catelauni* (lib. xv) : « *Huic* (Bel-

---

(1) *De Bell. Gall.*, lib. v, c. 11 et seq.

(2) Le T est le principe des lettres D, S et Z, qui en sont
l'adoucissement, dit D. Le Pelletier, dans son *Dict. bret.* au
Traité de la valeur et du changement des lettres (p. 9); les
Latins eux-mêmes ont fait *quadrans* de *quatuor*, et si nous
prononcions bien *pati* et *patior*, comme si ce dernier était
passior (ce qui se prouverait par *passus*), ils changeaient T
en SS. Les savants auteurs du *Nouv. Tr. de diplom.* ne man-
quent pas (t. 4, p. 491) de faire la même observation.

(3) Nous ne parlons pas des Catalans d'Espagne, car on
sait que la Catalogne, en latin *Catalaunia* pour *Goth-Alau-
nia*, reçut ce nom des Goths et des Alains qui s'y établirent.

gicæ 1) *adnexa est secunda Belgica in qua* Ambiani *sunt urbs inter alias eminens , et* Catelauni,
et Remi. » Ailleurs (lib. xxvii) il lui donne le nom
de *Catelaunos.* L'Itinéraire d'Antonin l'appelle ***Duro-***
Catelaunos et ***Duro-Catalaunos.*** Dans les anciennes
Notices des provinces et cités des Gaules , *Civitas Ca*
talaunorum tient le troisième rang dans la seconde
Belgique ; d'autres fois on trouve écrit *Civitas Catuel*
launorum et *Civitas Cadellaunorum.* Nitard (lib. ii)
dit *Cadellonica urbs* , (lib. iii), *Cadelonensis urbs,*
et (lib. iv) *Cadhellonensis urbs* (1).

Cette série de noms , il faut bien le remarquer , toute
sèche , toute aride qu'elle paraisse au premier abord ,
n'en est pas moins extrêmement importante , car non
seulement elle rend plus évidente aux yeux du lecteur
le nom primitif des anciens *Cathuelons* , qui était le
titre qualificatif et glorieux dont nous parlions plus
haut, mais encore elle nous aidera à remonter plusieurs
siècles au delà , et à reconnaître, si nous ne nous trompons, un de leurs hauts faits les plus curieux.

Châlons donc s'appelait primitivement ***Duro-Cate***
launos, Duro-Catuellaunos, Duro-Catalaunos ou
Duro-Caduellaunos (*et vice versâ*) ; c'est-à-dire
château ou forteresse des Cadwellons ou *Cadwa*
lons ; de *dur*, en gallo-kimrique, *arx* , *turris* , et
Cadwellons, déjà expliqué. Plus tard, au ive siècle ,
lorsque cette ville ne retint plus que le nom de son
peuple, on ne lui donna plus que le nom de *Cate*
launi ou *Cathalauni*, et enfin de *Catalaunum*, lorsque ce nom fut mis au singulier.

Adrien de Valois , étonné du silence de César et
de Ptolémée sur cette ville , se demande si les *Cata-*

---

(1) **Adr. Vales.,** *Notit. Gall.,* p. 136. — L'exemplaire de
la notice des provinces des Gaules dressée sous Honorius,
dont se sont servi MM. de Sainte-Marthe pour leur *Gallia*
christ.., nomme aussi Châlons *Civitas Catuellaunorum.*

launi ne seraient pas les *Vadicassii* de Ptolémée, et si leur ville en conséquence ne portait pas le nom de *Neomagus Vadicassium ;* mais c'est une erreur. La question, depuis Adrien de Valois, a fait un pas, et il est facile de voir par la carte de l'ancienne Gaule de Dezauche, publiée en 1797, que cette ville devait être dans le Valois (*Pagus Vadensis*), et vraisemblablement Crépy, ou Ptolomée place en effet les *Vadicassii*, c'est-à-dire après les *Meldi*, et aux confins de la Gaule-Belgique, où Pline met aussi les *Vadicasses*, qui paraissaient être le même peuple.

D'ailleurs, Adrien de Valois n'a pas réfléchi assez mûrement à cette proposition. L'Itinéraire d'Antonin ne laisse aucun doute ; il nous dit que le nom de Châlons était *Duro-Catelaunos*, et Valois en convient lui-même ; le nom du peuple dont elle était la capitale était *Catalauni*. Or, ce nom étant celui d'un peuple et non d'un objet inanimé, comme le prouve l'établissement de l'évêché qui n'a pu être institué à Châlons que parce que c'était la capitale d'une cité gallo-romaine, cette ville, en conséquence, doit être aussi ancienne que celle dont parle César. Soissons (*Suessiones*) est même à cet égard dans de moins bonnes conditions que Châlons. Cette ville, capitale d'un peuple qui avait conquis et ajouté à ses états la côte méridionale de l'île de Bretagne, un demi-siècle environ avant César, n'est cependant pas mentionnée par lui, bien qu'elle existât déjà alors, et nous ne connaissons pas le nom qu'elle portait avant de prendre celui de son peuple au ive siècle. Personne cependant ne mettra son antiquité en doute.

Nous arrivons maintenant à un fait de la plus haute importance. Chacun sait que longtemps avant Jules César, les Gaulois avaient envahi la Bretagne, aujourd'hui l'Angleterre, et que beaucoup d'entre eux y avaient laissé des colonies. Les historiens anglais comptent jusqu'à trois de ces invasions des Belges de la Gaule (1) ;

(1) Whitaker, *Hist. of Manchester.*

la première, d'après Richard de Cirencester, 350 ans avant Jésus-Christ ; la seconde, dont fait mention Jules César, et dont nos parlions dans l'instant, eut lieu cent ans environ avant l'ère chrétienne, sous la conduite de Divitiac, roi des Suessions (1), lesquels avaient une communauté d'origine, d'usages et de lois avec les Rèmes (2), et vraisemblablement aussi avec les Cathualons (3) ; et la troisième à l'époque des expéditions de César dans la Gaule. Mais écoutons ce que dit lui-même César dans ses commentaires :

« L'intérieur de la Bretagne est habité, dit-il, par
« ceux qu'on dit être les Aborigènes, et les côtes par
« ceux de la Gaule-Belgique qui, attirés par l'appât de
« la guerre et du butin, s'y sont ensuite fixés et livrés
« à l'agriculture, en gardant pour la plupart le nom
« des cités auxquelles ils appartenaient avant leur pas-
« sage dans l'île » (4).

Et en effet, on retrouve entre autres dans l'histoire et la géographie ancienne de l'île de Bretagne, des *Parisi* sur la côte orientale, dans le comté d'York ;

---

(1) Apud eos (*Suessiones*) fuisse regem nostrâ etiam memoriâ Divitiacum, totius Galliæ potentissimun ; qui cùm magnæ partis harum regionum, tum etiam Britanniæ, imperium obtinuerit. (*De Bell. Gall.*, lib. ii, c. 4.)

(2) Fratres consanguineosque suos, qui eodem jure, iisdem legibus utantur, unum imperium unumque magistratum cum ipsis habeant. (*De Bell. Gall.*, lib. ii, c. 3.)

(3) Sanson, Adrien de Valois, D. François et autres croient également qu'il y avait la même communauté d'origine et de magistrature entre les Cathualons et les Rèmes, qu'entre ces derniers et les Suessions.

(4) Britanniæ pars interior ab iis incolitur, quos natos in insula ipsa, memoriâ proditum dicunt. Maritima pars ab iis qui, prædæ ac belli inferendi causâ, ex Belgio transierant ; qui omnes ferè iis nominibus civitatum appellantur, quibus orti ex civitatibus eò pervenerunt, et bello illato ibi remanserunt, atque agros colere cœperunt. (*De Bell. Gall.*, lib. v, c. 12.)

des *Attrebatii* sur la côte méridionale , dans le Berkshire ; des *Bibroci* dans la même contrée , et que Camden , le Strabon de l'Angleterre, dit être des *Remi* du canton de *Bray* ou de *Bibrax*, que nous avons démontré être *Bièvre*, à huit lieues de Reims (1) ; et enfin des *Catuellani* , voisins de ceux-ci, dans les comtés de Buckingham , de Bedfort et Hertford , que nous nous empressons de signaler à notre tour.

A la vérité , ce dernier nom , qui occupe une si grande place dans la *Britannia* de Camden , et que nous sommes heureux de pouvoir indiquer comme le même que celui des *Catuellani*, gallo-belges des bords de la Marne, a été bien défiguré. Il est écrit , dit ce savant homme, de plusieurs manières différentes : *Catieuchlani* , *Catyeuclani* , etc., suivant les divers exemplaires de Ptolémée (2) ; mais Dion Cassius (3) les nomme *Catuellani* , Κατουελλανοὶ. Et ce nom, dit-il, que les Grecs ont écrit *Catuellani* ou *Catwellani*, doit être le même que celui du prince *Cassiwellaun* des Commentaires de César , peut-être aussi le même que *Cassibellinus* , et pourrait signifier prince des *Cassi* (4).

Ici nous abandonnons Camden , car nous n'aimons pas nous lancer dans le champ des conjectures. Le nom divin de *Belinus* , *Belenus* , n'a aucun rapport avec l'adjectif *huel*, qui termine le nom de *Cassiwellaunus;* il n'a jamais existé de prince du nom de *Cassibellinus*, mais bien de *Cunobelinus*, et nous ignorons si les *Cassi* , dont parle aussi César , étaient les peuples sur lesquels régnait *Caswellaun* , puisque César n'en dit rien.

Actuellement , faut-il ranger parmi les colons gallo-

---

(1) *Antiquités de Noyon* , p. 40 et 437.

(2) *Geogr.*, lib. ii, c. 2. — Le *ch* ou le *c* intercalé dans ces deux noms, n'est qu'une simple aspiration gutturale dont il faut faire abstraction.

(3) Dio. Cass.., *lib.* lx.

(4) Camden., *Britann.*, p. 341 , ed. lat. de 1600.

belges, dont nous parlions plus haut, les *Catuellani* insulaires, et croire que *Duro-Catuellaunos* ou *Duro-Catelaunos* était leur métropole? C'est une question que nous soulevons sans prétendre la résoudre. Nous inclinons dans ce sens cependant, car tout le fait présumer. Tout ce que nous pouvons assurer, c'est que le nom des deux peuples est identique, et nous ne voyons pas pourquoi les *Cathuelons* ou *Cathualons* du continent qui, au dire de tous les savants, avaient une confraternité avec les Rèmes, n'auraient pas pu être de la même expédition que ceux-ci, et laisser aussi bien qu'eux, avec les *Atrebates*, les *Morini*, les *Parisii* et autres, une colonie des leurs dans l'île Britannique, après s'être emparés des contrées qu'ils avaient envahies. Ce serait rejeter bénévolement, ce nous semble, six cents ans de l'époque la plus glorieuse de l'histoire de Châlons, et du peuple qui lui a laissé son nom.

FIN.

CHALONS. — TYP. BONIEZ-LAMBERT.

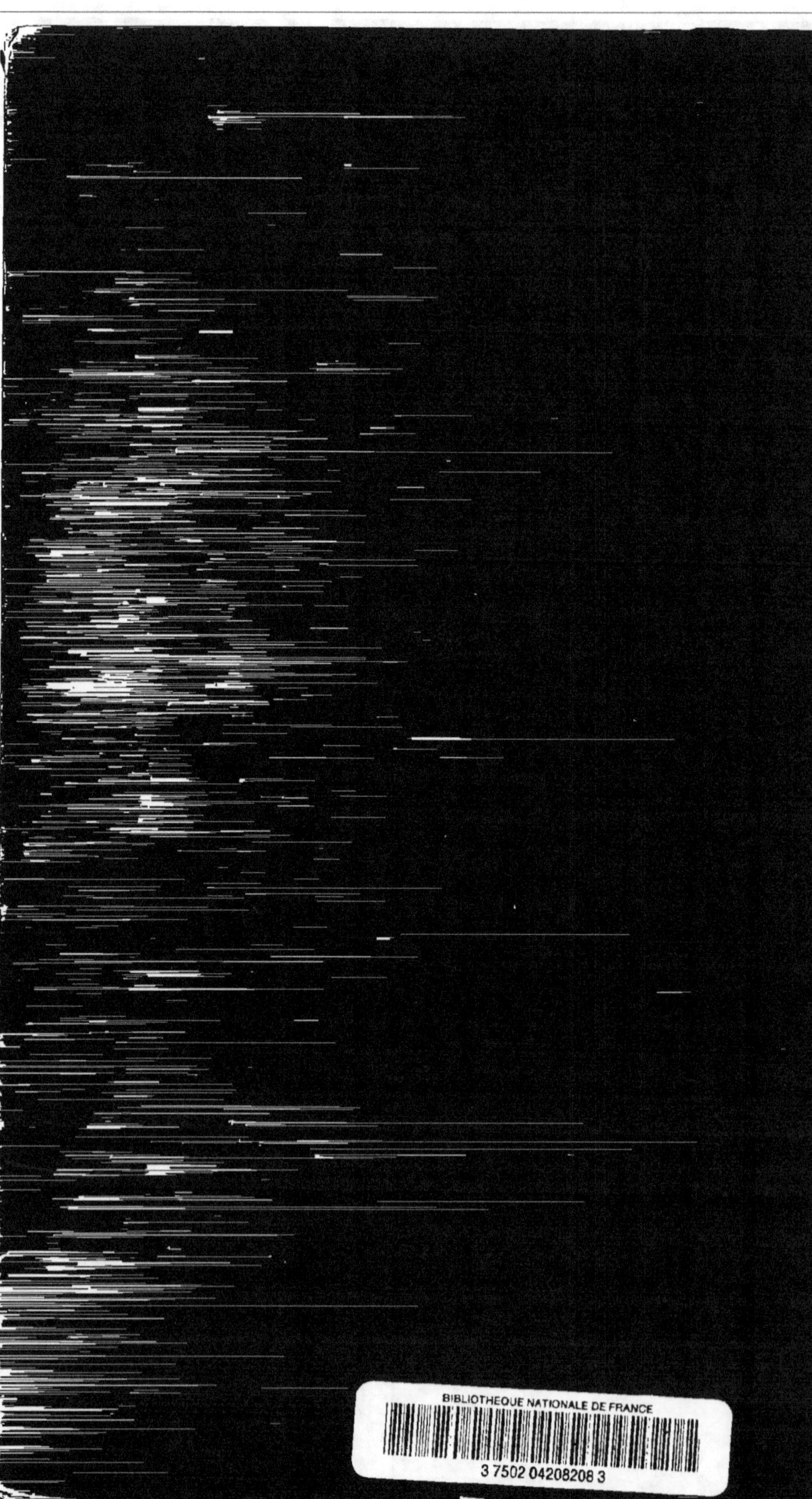